お菓子づくりのコーディネート

お菓子をつくるときは、身だしなみが大切なポイントだよ！

① 髪の毛をまとめる

髪の毛が落ちてこないように三角きんをきちんとつけて。髪が長い子はしっかりむすぼう。

② 服のそでをまくる

ひらひらしているそでや、長すぎるそでは手を動かすときのジャマになるので しっかり腕まくりしておこう！

③ エプロンをつける

服を汚さないためにも、エプロンをきちんとつけて作業しよう。エプロンはせいけつなものをつけてね。

④ 手を洗う

石けんでしっかり手を洗って作業しようね。ツメは短く切って、ツメの間に汚れがないようにしっかり洗ってね。

レシピの見方

お菓子の名前

**お菓子の
できあがりイメージ**
完成の形をきちんと見ておこう。

つくり方
はじめから完成までを通して読んで、手順の通りにつくろう。

材料
家にあるものと買うものをチェックするよ。つくりはじめる前に、使う材料をそろえておこう。

必要な道具
だいたい家にあるものだよ。必要なものをそろえてから作業にとりかかろう。

きほんの材料

お菓子づくりに使う

お菓子をつくるときの、きほんとなる材料について説明するよ。

薄力粉

薄力粉は小麦粉の種類だよ。お菓子には薄力粉をよく使うよ。強力粉といってパンをつくるときに使う小麦粉も売られているので、よく見て選ぼうね。

砂糖

この本でおもに使う砂糖は、粒が細かくしっとりしている「上白糖」だよ。さらさらとした「グラニュー糖」や、きめが細かく仕上げに使う「粉糖」を使うレシピもあるのよ。

バター

お菓子に使うときは、食塩不使用（無塩）のものがおすすめ。バターのかわりにマーガリンを使うのは、やわらかさや味がちがうのでおすすめしないよ。

卵

この本では、1個50gくらいのMサイズを使っているよ。お菓子によっては卵黄と卵白の片方しか使わないこともあるよ。レシピをよく見て用意してね。

生クリーム

生クリームを泡だてて使うときは、乳脂肪分40％前後のものがいいよ。植物性脂肪を加えた生クリームもあるけれど、乳脂肪分が高いほうがおいしく仕上がるよ。

ゼラチン

ゼリーやプリンをつくるときに、液体をかためるはたらきをするのがゼラチン。粉状のものが使いやすいよ。

お菓子づくりに必要な きほんの道具

つくりはじめる前に、使う道具がそろっているか確認してね。

計量カップ

はかり

材料をはかるのに使うよ。

計量スプーン

粉ふるい

茶こし
粉類に、かたまりが残っていないようにするために使う。

材料を切るときに使うよ。

まな板

包丁

ボウル

材料をまぜるときに使う。大小2〜3つあるといいよ。熱が伝わりやすいステンレス製と、電子レンジで使用できる耐熱ガラス製のものがあると便利。

はけ

卵黄をぬったり、シロップをぬったりするときに使うよ。

木べら

ゴムべら

材料をまぜあわせるときに使うよ。

泡だて器

材料をまぜたり、泡だてたりするときに使うよ。電動泡だて器があると、卵白を泡だてる作業がラクになるよ。

しぼり出し袋

めん棒

クッキー生地やパイ生地などを、うすく均等にのばすときに必要。

口金

生クリームやケーキ生地をしぼり出すときに使う道具。口金には丸型や星型などの形があって、穴の大きさもいろいろあるよ。つくるお菓子によって使い分けてね。

網

ケーキクーラーや網は、お菓子を冷ますときに使うよ。

バット

ケーキクーラー

切った材料を入れておいたり、粉糖をまぶしたりするときにあると便利。

家にあるものばかりでしょ

正しいはかり方

★ **はかりではかる**
表示が見やすいデジタルのはかりがおすすめ。材料をボウルや容器に入れてはかるときは、容器の重さを引くのを忘れずにね。

容器をのせたままで「0」にあわせる機能がついているから便利だよ。

★ **計量カップではかる**
液体をはかるときは、計量カップを使うよ。目盛りまで入れたら、真横から見て線に合っているか確認してね。

★ **計量スプーンではかる**
分量の少ない液体や粉ものをはかるときに使うよ。計量スプーンは大きさによって分量が決まっているよ。大さじ1は15ml、小さじ1は5ml。はかり方をおぼえよう。

牛乳・水などの液体

大さじ1
こぼれるすんぜんの、表面が少しふくらんでいるくらいがめやす。

大さじ1/2
深さの半分よりも少し上になるくらいがめやす。

砂糖や塩などの粉もの

大さじ1
計量スプーンに山盛り入れ、表面をスプーンの柄ですり切ってたいらにした分量。

大さじ1/2
大さじ1をはかって、スプーンの柄などで半分をかき出した分量。

準備が整ったらいよいよお菓子づくりのスタートよ☆

よーし がんばろっ

もくじ

楽しいお菓子づくり

- お菓子づくりのコーディネート …… 3
- レシピの見方 …… 4
- きほんの材料 …… 5
- きほんの道具 …… 6
- 正しいはかり方 …… 9

パート1 かんたん★お菓子

- 卵＆バターなしのシンプルクッキー …… 18
- チョコチップクッキー …… 20
  - アレンジ カラフルチョコクッキー …… 24
  - メイプルクッキー …… 24
  - ココアチョコクッキー …… 25
  - アーモンドクッキー …… 25
- にこにこ型ぬきクッキー …… 26
  - アレンジ チョコデコクッキー …… 30
  - ジャムサンドクッキー …… 31
  - 抹茶のクッキー …… 31
  - アイシングクッキー …… 32
- スノーボールクッキー …… 34
- ティラミス …… 38
- ヘルシーマフィン …… 42
- バナナカップケーキ …… 45
  - アレンジ いちごジャムカップケーキ …… 48
  - チョコチップカップケーキ …… 49
  - クリームカップケーキ …… 50

スイートポテト………………… 52
シナモンパイ……………………… 56
アーモンドチュイール……………… 60
コロコロアーモンドクリスピー………… 64
アレンジ フルグラマシュマロボール……………… 66

お菓子をかざりつける **トッピングアイテム** ……… 67

パート2 あこがれ✨ケーキ

卵&バターなしのパウンドケーキ………… 70
紅茶のパウンドケーキ……………………… 72
アレンジ 抹茶のパウンドケーキ……………… 76
　　　　 2色パウンドケーキ……………… 77
レアチーズケーキ…………………………… 78
ベイクドチーズケーキ……………………… 82
いちごのショートケーキ…………………… 86
フルーツロールケーキ……………………… 92
アレンジ ブッシュドノエル……………… 98
モンブラン………………………………… 100
アップルパイ……………………………… 104
パンプキンパイ…………………………… 108
シュークリームツリー…………………… 112
ケーキ食べつくし！アレンジ　ケーキパフェ……………… 118
　　　　　　　　　　　　　　　スコップケーキ…………… 119

電子レンジでかんたんにつくれる **カスタードクリーム**…… 116

パート3 ラブリー♥チョコレート

- フルーツチョコレート ……… 123
- アルファベットチョコ ……… 124
- 棒チョコレート ……… 128
- プチカップチョコ ……… 132
- KISSチョコ ……… 133
- 生チョコトリュフ ……… 138
- チョコスティック ……… 142
- 濃厚チョコレートケーキ ……… 146
- チョコレートブラウニー ……… 150
- チョコムースタルト ……… 154
- ハートのチョコパイ ……… 155
- ガトーショコラ ……… 160
- ラッピングアイデア ……… 164

パート4 大好き♪おやつ

- キャラメルポップコーン ……… 170
- ハワイ風パンケーキ ……… 172
- 生チョコバナナクレープ ……… 176
  - [アレンジ] 食事クレープ（ツナ＆チーズ、ハム＆エッグ）……181
  - デザートクレープ（ブルーベリーチーズ、ピーチバニラ）……181
- プレーンスコーン ……… 182
  - [アレンジ] きなこのスコーン ……… 186
  - チーズ入りスコーン ……… 187
  - メープルスコーン ……… 187
- 揚げないもっちりドーナッツ ……… 188
- カリカリラスク ……… 192

項目	ページ
大学いも	196
みたらしだんご	200
いちご大福	204

リメイクおやつ！アレンジ
- スコーンプチガトー ……… 208
- ロリポップケーキ ………… 209

おいしい紅茶の入れ方 ……… 210

パート5　しあわせ ひんやりデザート

項目	ページ
ミルクかき氷	216

カラフルゼリー4種
- みかんゼリー ……… 220
- りんごゼリー ……… 221
- ミルクコーヒーゼリー … 222
- カルピスゼリー …… 223

項目	ページ
フルーツグミ	224
なめらかプリン	226
パンナコッタ	230
ヨーグルトプチアイス	234
オレンジシャーベット	236
白玉入りフルーツポンチ	237

シェイク3種
- 抹茶シェイク ……… 243
- ブルーベリーシェイク …… 244
- ヨーグルトシェイク ……… 245

ホットドリンクアレンジ
- ホットバナナチョコレート …… 247
- キャラメルソイラテ ………… 248
- アップルジンジャーティー … 249

お菓子づくりのきほんテクニック ……… 250

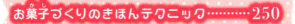

この本の見方

この本は、はじめて挑戦する人でもつくりやすいように工夫しているよ。

レベル

レベルは「かんたん！」「ふつう！」「がんばれ！」の3段階。つくるお菓子を選ぶときの参考にしてね。

材料・必要な道具

そろっているか確認して□にチェックしよう！

製作時間

作業にかかる、だいたいの時間だよ。つくる前の準備や冷蔵庫で冷やす時間はふくんでいないよ。

つくりはじめる前に

つくりはじめる前に準備することもあるよ。

パティシエのコツ

おいしくつくるために大事なところ、気をつけたいところだよ。

オーブン

オーブンをあたためはじめるタイミングをしめしているよ。

材料やトッピングなどをちょっと変えるだけで大変身！ かんたんなアレンジレシピもたくさん紹介しているよ。

いろいろ楽しめるんだわ★

この本のきまり

★この本でつかった計量スプーンは、大さじ1が15ml（または15cc）小さじ1が5ml（または5cc）です。はかり方は9ページで紹介しているので、確認してください。

★卵はなにもかかれていない場合は、Mサイズの新鮮なものを使っています。

★オーブンでの焼き時間は、機械によってちがいがあるので、ようすを見ながら加減してください。また、オーブンの使い方は取扱説明書などで確認して、正しく使いましょう。

★電子レンジは600Wのものを使用しました。W数の大きい電子レンジを使うときは加熱時間をやや短くし、ようすを見ながら加減してください。

★製作時間やレベルはめやすです。つくる人や気温によってもちがいがあります。

★お菓子づくりは、大人がいるところでおこない、ケガややけどに注意しましょう。

むずかしい作業や力のいる作業はむりをしないで大人に手伝ってもらおうね。

卵 & バターなしの
シンプルクッキー

🌸 材料 15〜16個分

- 薄力粉　　　100g
- 砂糖　　　　50g
- なた種油　　大さじ3

🌸 必要な道具

- ボウル
- オーブン
- 天板
- オーブンシート

・つくり方・

1 ボウルにすべての材料を入れ、手を使ってまぜる。

手でまぜるよ

16等分

形をととのえる

2 ひとまとまりになったら16等分にし、手でぎゅっとにぎってから平らな丸形にととのえる。

📺 オーブンを180度にあたためはじめる

3 天板にオーブンシートをしき、②を並べる。180度にあたためたオーブンで15分ほど焼く。

⭐ やけどに注意してね！

180度の
オーブンで
15分焼く

完成

――まつこと 15 分――

パート1 ✿ かんたん ★ お菓子

材料

（直径5〜6cm　約25個分）

☐ 薄力粉	170g
☐ バター	90g
☐ 砂糖	60g
☐ 卵	1個
☐ チョコチップ	50g

※チョコチップは小さなつぶつぶのチョコレートのことだよ。スーパーなどのお菓子材料のコーナーで探してみてね。

必要な道具

☐ ボウル　☐ 粉ふるい　☐ オーブンミトン

☐ 泡だて器　☐ ゴムべら　☐ オーブン

☐ オーブンの天板　☐ オーブンシート　☐ スプーン（2）

つくりはじめる前に

バターは冷蔵庫から出して、手でさわるとグニャっとやわらかくなるくらいにしておく。

つくり方

1 薄力粉をふるう

作業する台（テーブルなど）にオーブンシートなどをしいて、粉ふるいで薄力粉をふるう。

パティシエのコツ！
ざらざらとした砂糖がなめらかになるまでまぜよう。

2 バターと砂糖をまぜる

ボウルにバターと砂糖を入れて、泡だて器で白っぽくなるまでまぜる。

21

3 卵を少しずつ加える

卵をといて、**2**のボウルに少しずつ加え、よくまぜる。

パティシエのコツ！
卵は一度に全部加えるときれいにまざらないので3回ぐらいに分けて少しずつ加え、そのたびによくまぜるのがポイントよ！

4 薄力粉を加える

卵がきれいにまざったら、ふるっておいた**1**の薄力粉を加え、粉っぽさが少し残るぐらいまでゴムべらでまぜる。

ここではまだ完全にまぜなくていいんだわ！

パート1 ❀ かんたん ★ お菓子

5 チョコチップを加える

薄力粉が完全にまざる前に、チョコチップを加え、粉っぽさがなくなるまでまぜる。これで生地が完成。

オーブンを180度にあたためはじめる。

6 天板にならべる

天板にオーブンシートをしき、5の生地を好きな分量ずつスプーンですくって、あいだをあけてならべる。

パティシエのコツ！

表面が少しデコボコしていても、焼いているうちに熱で生地が少しとけてなだらかになるよ。焼くと少し横に広がるから、あいだをあけてならべてね。

7 オーブンで焼く

180度のオーブンで約20分、うすいきつね色になるまで焼く。

やけどに注意！

天板はとても熱くなるので、取り出すときは、かならずオーブンミトンをつけて作業してね。

チョコチップクッキーアレンジ

チョコチップクッキー（20～23ページ）の材料を、少しかえるだけでつくれる4種類のクッキーだよ。いろんな味を楽しんでね。

チョコの種類をかえてみよう！
カラフルチョコクッキー

材料（約25個）

- □ 薄力粉 …………………… 170g
- □ バター …………………… 90g
- □ 砂糖 ……………………… 60g
- □ 卵 ………………………… 1個
- □ カラフルコーティングチョコ …… 40g

つくり方 21～23ページのつくり方1～4まで同じ。5では何も加えず、粉っぽさがなくなるまでまぜる。6で天板に生地をならべたら、包丁で半分に切ったカラフルチョコを生地の表面にうめこみ、180度のオーブンで約20分焼く。

みんな大好きなメープルシロップ味
メイプルクッキー

材料（約25個）

- □ 薄力粉 …………………… 180g
- □ バター …………………… 90g
- □ 砂糖 ……………………… 30g
- □ メープルシロップ …… 大さじ3
- □ 卵 ……………………… 1/2個

つくり方 21～23ページのつくり方1～4まで同じ。5でメープルシロップを加え、粉っぽさがなくなるまでまぜる。6～7は同じ。

パート1 ❀ かんたん ★ お菓子

生地にココアをまぜるだけ！
ココアチョコクッキー

材料（約25個）

- □ 薄力粉 ……………… 150g
- □ ココアパウダー ……… 15g
- □ バター ………………… 90g
- □ 砂糖 …………………… 60g
- □ 卵 ……………………… 1個
- □ チョコチップ ………… 50g

つくり方 21～23ページのつくり方1で薄力粉とココアパウダーをあわせてふるっておく。2～3は同じ。4で1の薄力粉とココアパウダーを加えてまぜる。5～7は同じ。

アーモンドをきざんでトッピング
アーモンドクッキー

材料（約25個）

- □ 薄力粉 ……………… 170g
- □ バター ………………… 90g
- □ 砂糖 …………………… 60g
- □ 卵 ……………………… 1個
- □ アーモンド …………… 30g

つくり方 21～23ページのつくり方1～4まで同じ。5では何も加えず、粉っぽさがなくなるまでまぜる。6で天板に生地をならべたら、包丁であらくきざんだアーモンドを生地の表面にうめこみ、180度のオーブンで約20分焼く。

パート1 ✿ かんたん ★ お菓子

材料

（直径4.5cmの丸型 各12個分）

ココア生地
- [ ] 薄力粉　　　　　　　90g
- [ ] ココア　　　　　　　10g
- [ ] バター　　　　　　　40g
- [ ] 砂糖　　　　　　　　40g
- [ ] 卵黄　　　　　　1/2個分

バター生地
- [ ] 薄力粉　　　　　　　100g
- [ ] バター　　　　　　　40g
- [ ] 砂糖　　　　　　　　40g
- [ ] 卵黄　　　　　　1/2個分

※残った卵白で、アーモンドチュイール（60ページ）をつくってもいいね。

必要な道具

- [ ] ボウル
- [ ] 粉ふるい
- [ ] ラップ
- [ ] 泡だて器
- [ ] ゴムべら
- [ ] めん棒
- [ ] オーブンシート
- [ ] オーブン
- [ ] オーブンの天板
- [ ] オーブンミトン
- [ ] 直径4.5cmの丸型
- [ ] 竹ぐしや小さいスプーンなど（顔をかく道具）

つくりはじめる前に　バターは冷蔵庫から出して、手でさわると少しへこむくらいにしておく。

つくり方 ✿

1 バターと砂糖をまぜる

パティシエのコツ！
まずはココア生地からつくるよ！
バター生地とココア生地、どちらかだけをつくりたいときは材料を2倍にしてつくってね。

ボウルにバターを入れ、泡だて器でなめらかになるまでまぜたら、砂糖を加え、白っぽくなるまでまぜる。

 ▶

2 卵黄、粉類を加える

卵黄を加えて泡だて器でまぜ、薄力粉とココアを粉ふるいでふるって入れる。

3 粉をまぜる

ゴムべらで粉っぽさがなくなるまでまぜる。

4 ラップでつつんで冷やす

手でひとつにまとめる。ラップでつつみ、冷蔵庫で約1時間冷やす。

5 バター生地をつくる

つくり方1は同じで、2で卵黄と薄力粉を加え、粉っぽさがなくなるまでゴムべらでまぜる。

6 ラップでつつんで冷やす

手でひとつにまとめる。ラップでつつみ、冷蔵庫で約1時間冷やす。

生地を冷やしおわったらオーブンを170度にあたためはじめる。

パート1 ❖ かんたん ★ お菓子

7 生地をうすくのばす

オーブンシートを広げ、4の生地をラップを取ってのせ、上にラップをかぶせる。上からめん棒をころがし、厚さ4mmぐらいに生地をのばす。

パティシエのコツ！
生地の両側にわりばしをおき、めん棒をころがすと厚みを均等にのばせるよ。

8 型で生地をぬき、天板にならべる

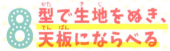

生地を丸型でぬき、オーブンシートをしいた天板に間かくをあけてならべる。あまった生地はひとまとめにし、もう一度うすくのばして同じ型でぬく。

パティシエのコツ！
天板に一度にのらなかった場合は、冷蔵庫に入れておき1回目が焼き上がったらつづけて焼いてね。

9 顔をかく

竹ぐしやスプーンなどで生地の表面に顔をかく。

いろんな顔をかくと楽しいね！

10 焼く

170度のオーブンで15分ほど焼く。

やけどに注意！
天板はとても熱くなるので、取り出すときは、かならずオーブンミトンをつけて作業してね。

11 バター生地も同じように焼く

ココア生地が焼きおわったら、バター生地を冷蔵庫から取り出し、つくり方7〜10と同じように焼く。

型ぬきクッキーアレンジ

型ぬきクッキー（26～29ページ）をアレンジした、4種類のクッキーだよ。
型の形をかえるだけでも、ふんいきがかわります。

チョコペンでデコっちゃおう！
チョコデコクッキー

材料（約30個）

- [ ] 薄力粉 …………………………… 200g
- [ ] バター …………………………… 100g
- [ ] 砂糖 ……………………………… 60g
- [ ] 卵黄 ……………………………… 1個分
- [ ] 好きな色のチョコペン …… 好きな本数

つくり方 27～29ページの 1～7 まで同じ。8 でハート型でぬいたら、オーブンシートをしいた天板にならべ、170度のオーブンで15分ほど焼く。焼き上がったら、網などの上に取り出し、しっかり冷ます。チョコペンで文字やもようをかく。

チョコペンの使い方

1 チョコペンはぬるま湯につけて、中身をやわらかくする。

2 ペンの先をはさみで切り、中身をしぼり出す。

もっと デコ アイデア

お店でクッキーを買ってきて、チョコペンでメッセージをかくのも、かんたんでおすすめだよ。
誕生日やクリスマス、バレンタインデーなどに、メッセージをかいてプレゼントしちゃおう。

パティシエのコツ！

よく冷ましたクッキーにかこう。
クッキーが熱いと、チョコがとけてうまくかけないよ！

パート1 ✤ かんたん ★ お菓子

大きさの違う2つの型を使うよ
ジャムサンドクッキー

材料（約30個）

- 薄力粉 ……………………… 200g
- バター ……………………… 100g
- 砂糖 ………………………… 60g
- 卵黄 ………………………… 1個分
- いちごジャム ……………… 適量

つくり方 27～29ページの 1～7 まで同じ。8 で大きさのちがうハート型を2つ用意する。大きいほうで型ぬきしたあと、半分の枚数のまん中を小さいほうの型でぬく。オーブンシートをしいた天板にならべ、170度のオーブンで15分ほど焼く。焼き上がったら、網などの上に取り出し、しっかり冷ます。大きいハートにジャムをぬり、穴のあいたハートではさむ。

ほんのり苦みのある、大人味
抹茶のクッキー

材料（約30個）

- 薄力粉 ……………………… 180g
- 抹茶パウダー ……………… 15g
- バター ……………………… 100g
- 砂糖 ………………………… 60g
- 卵黄 ………………………… 1個分

つくり方 27～29ページの 1～8 まで同じ。2 で薄力粉をまぜるときに、抹茶パウダーもあわせてふるい入れてまぜる。8 で型ぬきしたら、オーブンシートをしいた天板にならべ、170度のオーブンで15分ほど焼く。

好きなもようをかこう！
アイシングクッキー

材料（約6個）

- 人形型でぬいたクッキー
  （▶27ページのバター生地）……6個

アイシング
- 卵白……………………………………1個分
- 粉糖……………………………220gくらい
- 食用着色料（好きな色）………………適量

つくり方 焼き上がったクッキーをしっかり冷ましてから、アイシングでもようをかくよ。アイシングは卵白と粉糖をまぜてつくるよ。

色つきアイシングのつくり方

1

ボウルに卵白を入れ、粉糖を少しずつ加えながら泡だて器でまぜる。だんだんとろみがついてきて、泡だて器を持ち上げたときに糸のようなあとが残るようになったら粉糖を入れるのをやめる。

2

小さい器に好きな分量を取り分け、水でといた食用着色料を竹ぐしで少しずつ加えてまぜ、色つきアイシングをつくる。着色料は、青+黄=緑のように色をまぜてもいいよ。

アイシングのぬり方

1 コルネ袋をつくり、アイシングを入れる。

オーブンシートを正方形に切って、さらに対角線で切る。

対角線のまん中が先端になるように、片側から巻きこむ。

巻きおわりをホッチキスでとめる。

アイシングを入れ、口をおって先端にアイシングをおくる。先端をはさみで切り、しぼり出す。

2 色をぬるところに、線でふちどりをする。

3 ふちどりがかわいたら、コルネ袋の先端をやや多めに切って、色をぬる。

パティシエのコツ！
ぬる用のアイシングは少し水を加えてゆるくするとぬりやすくなるよ。

アイシングのコツ

アイシングの上に、線や色などを重ねるときは、よくかわいてからかく。

白い色は着色料をまぜない、卵白と粉糖をまぜたものを使うよ。

アラザンなどの飾りをつけるときは、アイシングがかわかないうちにのせる。

手でコロコロまるく仕上げよう

スノーボール クッキー

レベル
かんたん！
★☆☆
製作時間 60分

さくさく、ほろほろの
食感がおいしい！

パート1 ✦ かんたん ★ お菓子

材料
(約30個分)

- [ ] 薄力粉　　　　150g
- [ ] バター　　　　100g
- [ ] 砂糖　　　　　30g
- [ ] 粉糖　　　100gくらい

必要な道具

- [ ] ボウル
- [ ] 粉ふるい
- [ ] 泡だて器
- [ ] ゴムべら
- [ ] ラップ
- [ ] オーブン
- [ ] オーブンの天板
- [ ] ポリ袋
- [ ] オーブンシート
- [ ] オーブンミトン
- [ ] ケーキクーラー（または網）

つくりはじめる前に

バターは冷蔵庫から出して、手でさわるとグニャっとやわらかくなるくらいにしておく。

つくり方

1 薄力粉をふるう

作業する台（テーブルなど）にオーブンシートなどをしいて、粉ふるいで薄力粉をふるう。

2 バターと砂糖をまぜる

ボウルにバターと砂糖を入れて、泡だて器で白っぽくなるまでまぜる。

パティシエのコツ！
砂糖がバターになじむまでまぜよう。

3 薄力粉を加える

2のボウルに、ふるっておいた薄力粉を加え、ゴムべらでまぜる。

パティシエのコツ！
ゴムべらでバターをボウルの底からすくって返し、粉を切るようにしてまぜるとうまくまぜられるよ。

4 ラップでつつんで冷やす

粉っぽさがなくなったら、手でひとつにまとめて、ラップでつつんで冷蔵庫で約1時間冷やす。

オーブンを170度にあたためはじめる。

5 生地を丸める

パート1 かんたん お菓子

8 粉糖をつける

冷蔵庫から生地を取り出し、ラップをはずして軽くこねてやわらかくし、直径2cmくらいのボール形に丸める。オーブンシートをしいた天板にあいだをあけてならべる。

完全に冷めたらポリ袋に入れ、粉糖を加える。しっかり口をおさえて上下にふり、クッキーのまわりに粉糖をつける。

6 焼く

170度のオーブンで15〜16分、うすいきつね色になるまで焼く。

やけどに注意！

天板はとても熱いので、かならずオーブンミトンをつけて作業してね。

パティシエのコツ！

粉糖はさらさらしているけど、すぐに水分をすって、べちゃっとなりがち。
でも、べちゃっとなりづらい「とけない粉糖」なども売られているからお菓子材料売り場で探してみてね。

7 冷ます

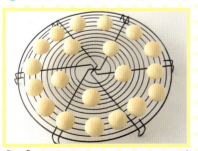

焼き上がったら、ケーキクーラーなどに取り出し、しっかり冷ます。

とろっとクリーミー
スプーンで取り分けてみんなで食べよう！

レベル
かんたん！
★☆☆
製作時間 30分

＼まぜるだけで高級スイーツ♥／
ティラミス

パート1 ✤ かんたん ★ お菓子

材料

(つくりやすい分量　1000mlの容器1つ分)

A	□ インスタントコーヒー	大さじ1と1/2
	□ 砂糖	大さじ1
	□ 熱湯	大さじ2
□ 生クリーム		200ml
□ マスカルポーネ		200g
B	□ 卵黄	2個分
	□ 砂糖	20g
C	□ 卵白	2個分
	□ 砂糖	30g
□ プレーンビスケット		50g
□ ココアパウダー		適量

必要な道具

- □ 小さい器
- □ ボウル(2)
- □ 泡だて器
- □ ゴムべら
- □ 電動泡だて器
- □ はけ
- □ 茶こし

つくり方

1 コーヒーシロップをつくる

小さい器にAのコーヒーと砂糖を入れ、熱湯を加えてまぜあわせる。そのままおいて冷ます。

2 生クリームを泡だてる

このくらいだよ

ボウルに生クリームを入れ、泡だて器でとろりとするまで泡だてる。泡だてたら冷蔵庫に入れて冷やしておく。

3 卵黄と砂糖をまぜる

ボウルにBの材料を入れ、泡だて器で白っぽくなるまでまぜる。

4 マスカルポーネを加える

マスカルポーネを加えてまぜ、よくまざったら、冷やしておいた生クリームも加えてまぜる。

5 卵白を泡だてる

別のボウルにCの材料を入れ、電動泡だて器でツノがたつくらいまでしっかり泡だてる。

6 クリームと卵白をあわせる

4のボウルに5を加え、ゴムべらでさっくりとまぜる。

パティシエのコツ！

泡をつぶさないように、ゴムべらに持ちかえてまぜると、クリームがふんわり仕上がるよ。

7 ビスケットをしき、コーヒーシロップをぬる

容器にビスケットをならべ、表面に **1** のシロップをはけでたっぷりとぬる（シロップは半量を残しておく）。

8 クリームを流し入れビスケットをのせる

7 に **6** のクリームの半量を流し入れ、ビスケットをのせる。表面に **1** のシロップをはけでたっぷりとぬる。

9 残りのクリームを流し入れる

残りのクリームを流し入れ、表面をたいらにととのえる。ラップをかけて、冷蔵庫で1時間以上冷やす。

10 ココアパウダーをふる

食べる直前に、表面に茶こしでココアパウダーをふる。

パティシエのコツ！

ココアパウダーは時間がたつとしめってしまうので、食べる直前にふるのがきれいに仕上げるコツ！

＼バターも卵も使わないよ★／

ヘルシーマフィン

レベル
かんたん！
★★★
製作時間 60分

ほんのり甘くてパンみたい！
朝ごはんにもオススメ

パート1 ✿ かんたん ★ お菓子

材料

(直径8cmのマフィン型 約9個分)

- ☐ 薄力粉　　　　　　　　　190g
- ☐ ベーキングパウダー　　小さじ2
- ☐ 砂糖　　　　　　　　　　80g
- ☐ なたね油（またはサラダ油）100ml
- ☐ 豆乳　　　　　　　　　150ml

必要な道具

- ☐ ボウル
- ☐ 粉ふるい
- ☐ 泡だて器
- ☐ 計量カップ
- ☐ スプーン
- ☐ マフィン型
- ☐ 紙カップ
- ☐ オーブン
- ☐ 竹ぐし
- ☐ オーブンミトン
- ☐ ケーキクーラー（または網）

つくりはじめる前に

マフィン型に紙カップをしいておく。

つくり方

1 粉類をふるう

ボウルに薄力粉とベーキングパウダーを粉ふるいでふるい入れる。

2 砂糖をまぜる

1のボウルに砂糖を加え、泡だて器でまぜる。

3 なたね油豆乳をまぜる

計量カップになたね油と豆乳をあわせ、2に少しずつ加え、そのつど泡だて器でまぜる。

パティシエのコツ！
一度に加えてまぜるよりも少しずつ加えてまぜたほうがだまにならずにきれいにまざるよ。

オーブンを180度にあたためはじめる。

4 型に生地を入れる

紙カップをセットしたマフィン型に、3の生地をスプーンで6分目まで入れる。

5 オーブンで焼く

180度のオーブンで25〜30分、きつね色になるまで焼く（竹ぐしをさしてみて、生地がくっついてこなければ焼き上がり）。焼き上がったら型からはずし、ケーキクーラーなどにのせて冷ます。

やけどに注意！

オーブンから取り出すときや型からはずすときは、とても熱いので、かならずオーブンミトンをつけて作業してね。

パート1 ✲ かんたん ★ お菓子

レベル
かんたん！
★☆☆
製作時間 60分

ふわふわ生地に
しっとりバナナ入りだよ!!

ホットケーキミックスでつくれる！
バナナカップケーキ

材料

(直径8cmのマフィン型 約8個分)

- [ ] バナナ　　　　　　　1本（約70g）
- [ ] ホットケーキミックス　120g
- [ ] バター　　　　　　　80g
- [ ] 砂糖　　　　　　　　50g
- [ ] 卵　　　　　　　　　1個

つくりはじめる前に

- バターは冷蔵庫から出して、手でさわるとグニャっとやわらかくなるくらいにしておく。
- マフィン型に紙カップをしいておく。

必要な道具

- [ ] ボウル(2)　☐ マフィン型　☐ オーブンミトン

- [ ] ゴムべら　☐ 泡だて器　☐ フォーク　☐ 竹ぐし

- [ ] しぼり出し袋（または厚めのポリ袋）　☐ 紙カップ　☐ オーブン

つくり方

1 バナナをつぶす

バナナは皮をむき、ボウルに入れて、フォークなどでつぶす。

パティシエのコツ！
バターと砂糖がなめらかにまざって、少し白っぽくなるぐらいまでまぜよう。

2 バターと砂糖をまぜる

ボウルにバターと砂糖を入れて、泡だて器で白っぽくなるまでまぜる。

3 卵を少しずつ加える

卵をといて、2のボウルに少しずつ加え、加えるたびに泡だて器でよくまぜる。

4 ホットケーキミックスを3分の1加える

3のボウルにホットケーキミックスの3分の1を加え、ゴムべらでまぜる。

5 バナナを加える

1のバナナを加え、まぜあわせる。

6 ホットケーキミックスを全部加える

残りのホットケーキミックスを加え、粉っぽさがなくなるまでまぜる。

オーブンを180度にあためはじめる。

7 型にしぼり入れる

6の生地をしぼり出し袋に入れ、準備しておいたマフィン型に7分目までしぼり入れる。

パティシエのコツ！
厚めのポリ袋に入れ角をはさみで切ってしぼり出してもいいよ。

8 オーブンで焼く

180度のオーブンで17～20分、きつね色になるまで焼く（竹ぐしをさしてみて、生地がくっついてこなければ焼き上がり）。

やけどに注意！

カップケーキアレンジ

バナナカップケーキ（45〜47ページ）の具をかえてみよう！
違うおいしさに出会えるよ。

好きなジャムを入れて焼こう！
いちごジャムカップケーキ

つくり方

46〜47ページのつくり方の 2〜3 まで同じ。4 でホットケーキミックスの全量を入れてゴムべらでよくまぜる。5 でいちごジャムを加えてまぜあわせる。オーブンを170度にあたためる。5 の生地をマフィン型に7分目までしぼり入れ、170度のオーブンで20分ほど焼く。

材料（直径8cmのマフィン型　約8個分）

□ ホットケーキミックス	150g
□ バター	80g
□ 砂糖	20g
□ 卵	1個
□ いちごジャム	50g

もっとアレンジアイデア

ブルーベリージャムやマーマレードなど、好きなジャムを入れてつくってみてね。分量はいちごジャムと同じでOK。

パート1 ✦ かんたん ★ お菓子

つぶつぶのチョコがおいしい！
チョコチップカップケーキ

つくり方

46～47ページのつくり方の **2**～**3** まで同じ。**4** でホットケーキミックスの全量を入れてゴムべらでよくまぜる。**5** で牛乳とチョコチップを加えてまぜあわせる。オーブンを170度にあたためる。**5** の生地をマフィン型に7分目までしぼり入れ、170度のオーブンで20分ほど焼く。

材料（直径8cmのマフィン型　約8個分）

- ☐ ホットケーキミックス ……… 150g
- ☐ バター ……… 80g
- ☐ 砂糖 ……… 50g
- ☐ 卵 ……… 1個
- ☐ 牛乳 ……… 大さじ2
- ☐ チョコチップ ……… 40g

もっと アレンジ アイデア

細かくきざんだナッツ（アーモンドやくるみ）を入れてもいいね。ナッツの分量は30～40gにするといいよ。

カラフルなクリームでかわいさアップ♡
クリームカップケーキ

材料 (約6個)

- □ バナナカップケーキ
  (▶ 45ページ) ……………… 6個

抹茶クリーム
- □ 生クリーム ……………… 100ml
- □ 抹茶 ……………………… 大さじ1

ピンククリーム
- □ 生クリーム ……………… 100ml
- □ 食用着色料(赤) ………… 少々

かざり
- □ アラザン、トッピングシュガー
  (花やハートの形) ………… 好きな量

つくり方 焼き上がったカップケーキに、カラフルなクリームをしぼり出し、アラザンやトッピングシュガーでかざりつければ、かわいいケーキのできあがり！ カラフルなクリームは、抹茶や食用着色料で色づけするよ。

抹茶クリームのつくり方

1

ボウルに抹茶を入れ、生クリームを少しずつ加えながら、泡だて器でまぜる。

2

しっかりまぜたら、ツノがたつくらいまで泡だてる。

ピンククリームのつくり方

ボウルに生クリームを入れ、水でといた食用着色料を竹ぐしなどで少しずつ加えてまぜ、好みのピンク色にする。泡だて器でまぜ、ツノがたつくらいまで泡だてる。

チョコクッキークリームケーキ

生クリームをツノがたつくらいまで泡だて、しぼり出し袋に入れてカップケーキの上にしぼり出し、チョコクッキーを細かくくだいて上にちらす。チョコクッキーもそえる。

カラフルチョコ&クリームケーキ

生クリームをツノがたつくらいまで泡だて、しぼり出し袋に入れてカップケーキの上にしぼり出し、カラフルコーティングチョコをちらす。

ラズベリー&クリームケーキ

生クリームをツノがたつくらいまで泡だて、しぼり出し袋に入れてカップケーキの上にしぼり出し、赤とむらさきのラズベリーをのせる。ミントの葉をかざる。

ブルーベリークリームケーキ

生クリームをツノがたつくらいまで泡だてたあとに、ブルーベリージャムを加えてまぜる。しぼり出し袋に入れてカップケーキの上にしぼり出し、ブルーベリーの実をかざる。

さつまいもをなめらかなクリームに！

スイートポテト

レベル
かんたん！
★☆☆
製作時間 45分

みんなが好きな

さつまいもの甘～いお菓子！

材料

（3〜4個分）

□ さつまいも(小)	3〜4本(約200g)
□ バター	15g
□ 砂糖	30g
□ 生クリーム	大さじ2
□ 卵黄	1個分
A [□ 卵黄	1個分
□ 牛乳	小さじ1

つくりはじめる前に
バターは冷蔵庫から出しておく。

必要な道具

- □ 耐熱皿
- □ ラップ
- □ 竹ぐし
- □ スプーン
- □ フォーク
- □ ボウル
- □ ゴムべら
- □ 片手鍋
- □ 木べら
- □ はけ
- □ オーブンシート
- □ オーブン
- □ オーブンの天板
- □ オーブンミトン
- □ ふきん
- □ バターナイフ

つくり方

1. さつまいもをレンジで加熱する

さつまいもは水でよく洗い、耐熱皿に2本のせてラップをかけて、電子レンジ（600W）で5〜6分加熱する（竹ぐしがすっと通ればOK。通らなければ、あと1〜2分加熱する）。残りの2本も同様に加熱する。

2. 中身をくりぬく

さつまいもを縦半分に切り、ふちを2mmほど残して中身をくりぬく。さつまいもが熱いので、ふきんにのせて作業する。皮のほうも使うのでとっておく。

3 さつまいもをつぶす

2でくりぬいた中身を150g分はかってボウルに入れ、熱いうちにフォークでつぶす。

4 バターと砂糖を加える

バターと砂糖を加え、全体になじむようにゴムべらでまぜあわせる。

5 生クリーム、卵黄を加える

生クリームを加えてまぜ、卵黄を加えてさらにまぜあわせる。

6 鍋にうつして火にかける

鍋に5をうつし、木べらでまぜながら中火にかけて、水分がとんで鍋から離れるくらいまとまってきたら、火からおろす。

パート1 ❀ かんたん ★ お菓子

パティシエのコツ！

火加減が強すぎると水分がとびすぎるのでかならず中火で！

オーブンを220度にあたためはじめる。

7 皮にクリームをつめる

2 6 でとっておいた皮に、バターナイフでをつめる。表面をなでつけるようにして、形をととのえる。

8 卵黄液をぬる

オーブンシートをしいた天板に 7 をならべる。Aをまぜあわせ、表面にはけでぬる。

9 オーブンで焼く

220度のオーブンで15分ほど、少し焼き色がつくまで焼く。

やけどに注意！

オーブンから取り出すときは、とても熱いので、かならずオーブンミトンをつけて作業してね。

★ ちょっと豆ちしき ★

食べきりサイズのさつまいも「ひめあやか」

さつまいもは、1本が200g以上のものがふつうサイズですが、さつまいもが旬の秋には、小さいサイズのものも見かけますね。最近では品種改良が進み、1本100g以下の食べきりサイズの「ひめあやか」という品種も登場しています。小さいさつまいもを見つけたら、ぜひ皮の部分もいかして、スイートポテトをつくってみてね。

冷凍パイシートでパパッとつくれる

シナモンパイ

ハート形にたたんだり、
スティック状にねじったり〜♪

パート1 ✦ かんたん ★ お菓子

材料

（約32個）

- [ ] 市販の冷凍パイシート 2枚（200g）
- [ ] グラニュー糖　　大さじ1〜2
- [ ] シナモンパウダー　　少々

パティシエのコツ！

冷凍パイシートは、スーパーの冷凍食品売り場におかれているよ。
使う前に冷凍庫から出して解凍しておこうね！
めん棒でのばしやすくなるよ。

必要な道具

- [ ] オーブンシート
- [ ] ラップ
- [ ] めん棒

- [ ] オーブンミトン
- [ ] オーブンの天板
- [ ] オーブン

- [ ] まな板
- [ ] 包丁

つくりはじめる前に

冷凍パイシートは冷凍庫から出して、やわらかくしておく。

つくり方

1 パイシートをのばす

オーブンシートを広げ、パイシートを1枚のせ、上にもオーブンシートをかぶせる。上からめん棒をころがし、厚さ2mm、16cm×21cmぐらいになるようにのばす。

2 グラニュー糖をふる

1の全体にグラニュー糖をふりかけ、その上にシナモンをふりかけ、指でまんべんなくのばす。

3 両端を折りたたむ

両端を、2cmぐらい折りたたみ、それぞれに3回ずつ折りたたんだらまん中で合わせ、ラップでつつみ冷蔵庫で20分冷やす。

パイ生地を冷やしおわったらオーブンを200度にあたためはじめる。

4 生地をうすく切る

生地のラップを取ってまな板の上に取り出し、16等分に切る。オーブンシートをしいた天板に、切り口を上にして間かくをあけてならべる。

5 焼く

200度のオーブンで12分ほど焼く。焼き上がったら取り出し、天板を冷ます。

6 もう1枚のパイシートをのばす

もう1枚のパイシートを、同じように厚さ2mm、16cm×21cmぐらいにのばし、グラニュー糖とシナモンを全体にふる。

パティシエのコツ！
熱いとパイ生地がだれるので、かならず天板が冷めてから作業しよう。

再びオーブンを200度にあたためはじめる。

7 細長く切り、ねじる

端から1.5cm幅の細切りにして、くるくるとねじる。

8 焼く

オーブンシートをしいた天板に **7** をならべ、200度のオーブンで12分ほど焼く。

やけどに注意！
天板はとても熱くなるので、取り出すときは、かならずオーブンミトンをつけて作業してね。

プチ♡アレンジ

塩味が好きな人にオススメ！

●チーズスティックパイ

パイシートをのばしたら、細切りにしてねじり、粉チーズをふって200度のオーブンで12分ほど焼く。

●ごまスティックパイ

パイシートをのばしたら、細切りにして白いりごまと塩をふり、200度のオーブンで12分ほど焼く。

卵白でつくれるお菓子だよ

アーモンド チュイール

レベル
ふつう！
★★☆
製作時間 45分

うすくてパリパリ！
軽くて上品なクッキー♥

パート1 かんたん★お菓子

材料

（約12枚分）

- 薄力粉　　　　　　30g
- バター　　　　　　30g
- 粉糖　　　　　　　30g
- 卵白　　　　　　　1個分
- スライスアーモンド　適量

必要な道具

- 耐熱ボウル（電子レンジで使用できるボウル）
- めん棒
- 泡だて器
- オーブンシート
- ラップ
- オーブンミトン
- オーブンの天板
- オーブン
- 小さじスプーン
- 軍手

パティシエのコツ！

耐熱ボウルは、耐熱温度が140度以上の、電子レンジ使用可能なものを使ってね。

つくりはじめる前に

オーブンの天板の大きさに切ったオーブンシートに、直径6cmくらいの円をかいておく。

つくり方

1 バターをレンジでとかす

耐熱ボウルにバターを入れて、ラップをかけて電子レンジ（600W）で30秒ほど加熱し、泡だて器でまぜながらなめらかにする。

2 粉糖を加える

粉糖を加え、泡だて器でまぜる。

3 卵白を加える

卵白を加え、さらに泡だて器でまぜる。

パティシエのコツ！
まん中から外側にうずを描くように広げていくとうまく広がるよ。

4 薄力粉を加え、まぜる

薄力粉を加え、なめらかになるまでよくまぜる。

オーブンを150度にあたためはじめる。

5 生地を広げる

円をかいておいたクッキングシートを裏返して天板にしき、4の生地を小さじ1すくいとり、かいておいた円の大きさにうすく広げる。

パート1 かんたん お菓子

6 アーモンドをのせる

5の生地のまん中に、スライスアーモンドをのせる。

パティシエのコツ！
クッキーが冷めると丸まらないので、熱いうちにめん棒などを使ってカーブをつけてね。たいらなままでも、もちろんおいしいよ。

7 焼く

150度のオーブンで4〜5分焼く。焼き上がったら天板から取り出し、軍手をした手で熱いうちにめん棒などに巻きつけて形をつける。

やけどに注意！
天板はとても熱くなるので、取り出すときは、かならずオーブンミトンをつけて作業してね。

★ パティシエノート ★

✦ 卵黄と卵白の分け方
お菓子は卵黄や卵白だけを使うレシピもあるよ。卵黄を取り出すときは、小さなボウルに卵をわり入れ、スプーンなどですくうといいよ。

✦ 卵白は冷凍保存できる
使わなかった卵白は、冷凍保存できるよ。しっかり密閉できる容器に入れて、冷凍庫に入れてね。2週間以内をめやすに、自然解凍して使おう。卵黄はいたみやすいので、保存できないよ。卵黄が残ったら、卵をたして卵焼きにしよう。

コロコロアーモンドクリスピー

フライパンでつくれるポップなお菓子

レベル かんたん！ ★☆☆
製作時間 60分

サクサク、カリカリの食感が楽しい！

パート1 ✦ かんたん ★ お菓子

材料
(約14個分)

- [ ] バター　　　　　　　40g
- [ ] マシュマロ　　　　　50g
- [ ] チョコクリスピー　　50g
- [ ] アーモンド　　　　　40g

パティシエのコツ！
チョコクリスピーのかわりに、チョコフレークでもOKだよ。

必要な道具

- [ ] ゴムべら
- [ ] オーブントースター
- [ ] オーブンシート
- [ ] 大きめのスプーン（2）
- [ ] フライパン
- [ ] 包丁
- [ ] まな板

つくりはじめる前に

アーモンドはオーブントースターで2分ほど焼いて、包丁であらくきざむ。

つくり方

1 バターをとかす
フライパンにバターを入れて弱火にかけ、とかす。

2 マシュマロを加える
マシュマロを加え、ゴムべらでまぜながらとかす。

3 アーモンド、チョコクリスピーをまぜる

マシュマロがとけたら火を止めて、きざんでおいたアーモンドとチョコクリスピーを加えてよくまぜる。

4 丸める

オーブンシートを広げ、その上に **3** を大さじ1ずつのせる。

かたまらないうちにスプーンでギュッとおさえ、手で丸く形をととのえる。冷蔵庫で1時間ほど冷やしかためる。

アーモンドクリスピーアレンジ

アーモンドクリスピー（64～65ページ）を、ホワイトチョコレートとフルーツグラノーラでつくったアレンジだよ。

ホワイトチョコでつくると、フルーツの色がきれい！
フルグラマシュマロボール

つくり方

ホワイトチョコレートは包丁で細かくきざんでおく。65ページのつくり方の **1**、**2** は同じ。**3** できざんだホワイトチョコレートとフルーツグラノーラを加えてまぜたら、**4** と同じようにして丸め、冷蔵庫で1時間ほど冷やしかためる。

材料（約14個分）

- バター …………………… 40g
- マシュマロ ……………… 50g
- フルーツグラノーラ …… 80g
- ホワイトチョコレート … 20g

パティシエのコツ！

マシュマロがとけたら、かならず火を止めてからチョコレートを加えてね。チョコレートはこげやすいから、フライパンに残った熱でとかせばいいのよ！

お菓子をかざりつける
トッピングアイテム

クッキーやケーキをかわいくかざりつける、いろいろなアイテムを紹介するよ。
いろいろな形や色のトッピングアイテムがあるので
お菓子材料を売っているコーナーを探してみてね。

アラザン

小さなボール状の砂糖菓子。銀色のものをはじめ、ピンクのラメやカラフルな色でコーティングされたものもあるよ。

チョコチップ

小さなチョコレートで生地にまぜたりして使うよ。もちろんトッピングとして使ってもかわいいね。

トッピングシュガー

ハートや星の形をした、カラフルな砂糖菓子。ラブリーなかざりつけにはとても便利なアイテム。

カラーチョコスプレー

細かいチョコレートで、カラフルな色がついているよ。アイスクリームやクレープのトッピングによく使われるね。

こんぺいとう

色がきれいで、形もかわいらしい砂糖菓子。小さいサイズのものは、かざりつけにも使えるよ。

卵&バターなしの パウンドケーキ

🌸 材料 市販ミニパウンドケーキ型（紙製）6個分

- 薄力粉　　　　　　100g
- ベーキングパウダー　小さじ2
- 砂糖　　　　　　　80g
- なたね油　　　　　大さじ3
- 豆乳　　　　　　　150ml
- ブルーベリー　　　70g

🌸 必要な道具

- ボウル ・粉ふるい ・泡だて器
- ゴムべら ・オーブン ・オーブンシート

・つくり方・

1 ボウルに薄力粉とベーキングパウダーを粉ふるいでふるって入れる。

2 ①のボウルに砂糖を加え、泡だて器でまぜる。

3 なたね油と豆乳を加え、よくまぜる。まざったらブルーベリーも加えてまぜる。

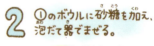
オーブンを170度にあたためはじめる

4 パウンド型に③を流し入れ、表面をゴムべらでたいらにする。

5 170度にあたためたオーブンに④を入れ、40〜50分焼く。焼きあがったら型のまま冷ましてから、取り出す。

★ やけどに注意してね！

完成

\ くり返しつくりたくなるおいしさ /

紅茶の
パウンドケーキ

レベル
ふつう！
★★☆
製作時間 75分

ふわりと紅茶のいい香り♥
とってもリッチなケーキだよ

パート2 あこがれ ケーキ

材料

（約18cm×8cmのパウンド型1つ分）

- [ ] 薄力粉　　　　　　　　　190g
- [ ] ベーキングパウダー　大さじ1/2
- [ ] バター　　　　　　　　　100g
- [ ] 砂糖　　　　　　　　　　80g
- [ ] 卵　　　　　　　　　　　1個
- [ ] 牛乳　　　　　　　　　　60ml
- [ ] 紅茶の葉　　　　　　　小さじ3

パティシエのコツ！
紅茶の葉はティーバッグから取り出したものでいいよ！

必要な道具

- [ ] 片手鍋
- [ ] 茶こし
- [ ] パウンドケーキ型

- [ ] オーブンシート
- [ ] 粉ふるい
- [ ] ボウル

- [ ] 小さいボウル
- [ ] 電動泡だて器

- [ ] ゴムべら
- [ ] オーブン
- [ ] オーブンミトン

つくりはじめる前に

- バターは冷蔵庫から出して、手でさわるとグニャっとやわらかくなるくらいにしておく。
- パウンド型にオーブンシートをしいておく。

つくり方

1 ミルクティーをつくる

鍋に牛乳を入れて中火にかける。沸とう直前に火を止めて、紅茶の葉小さじ2を入れる。ふたをして、5分ほどおく。

2 茶こしでこす

小さいボウルに、1を茶こしでこし、冷ましておく。

3 粉類をふるう

作業する台(テーブルなど)にオーブンシートをしいて、薄力粉とベーキングパウダーをあわせて粉ふるいでふるう。

4 バターと砂糖をまぜる

ボウルにバターと砂糖を入れ、電動泡だて器で白っぽくなるまでまぜる。

5 卵を加えてまぜる

卵をといて、4のボウルに少しずつ加え、加えるたびに電動泡だて器でよくまぜる。

6 粉類の半量を加えてまぜる

5のボウルに3の半量を加え、粉っぽさがなくなるまでゴムべらでまぜる。

7 ミルクティーを加えてまぜる

2のミルクティーの半量を加え、ゴムべらでまぜる。

パティシエのコツ!

卵は一度に全部加えるとバターとうまくまざらないので3回ぐらいに分けて加えそのたびによくまぜるのがポイントだよ!

8 粉類、紅茶の葉ミルクティーを順にまぜる

残りの粉類を加えてまぜ、粉っぽさがなくなったら紅茶の葉小さじ1、残りのミルクティーを加えてよくまぜる。

パティシエのコツ！
紅茶の葉が大きいときは口あたりが悪くなるので包丁で細かく切ってからまぜようね。

オーブンを170度にあたためはじめる。

9 生地を型に入れる

準備しておいたパウンド型に、8の生地を入れる。表面をゴムべらでたいらにする。

パティシエのコツ！
型に生地を入れたら型を軽く持ち上げてトントンと下に落として空気をぬいておくと焼き上がったケーキに穴があく心配がないよ。

10 オーブンで焼く

170度のオーブンで40〜45分、きつね色になるまで焼く。焼き上がったら、型のまま冷まし、冷めてから型から取り出す。

やけどに注意！
オーブンから取り出すときは、とても熱いので、かならずオーブンミトンをつけて作業してね。

パウンドケーキアレンジ

紅茶のパウンドケーキ（72〜75ページ）の2種類のアレンジを紹介するよ。

あんこをつけて食べても◎
抹茶のパウンドケーキ

材料

- [ ] 薄力粉 ……………………… 180g
- [ ] 抹茶パウダー ……………… 10g
- [ ] ベーキングパウダー ……… 小さじ2
- [ ] バター ……………………… 90g
- [ ] 砂糖 ………………………… 80g
- [ ] 卵 …………………………… 1個
- [ ] 牛乳 ………………………… 大さじ3

パティシエのコツ！

抹茶は苦みが強いこともあるので分量は好みにあわせて減らしてね。

つくり方

74〜75ページのつくり方3〜10とほぼ同じ。3で薄力粉、抹茶パウダー、ベーキングパウダーをあわせて粉ふるいでふるう。4〜6は同じ。7では牛乳の半量をまぜる。8で残りの粉類、牛乳を順にまぜる。9〜10は同じ。

パート2 あこがれ ✨ ケーキ

バターとココア、2つの味
2色パウンドケーキ

つくり方

74～75のページのつくり方3～10を参考にする。3でA、Bそれぞれ別に粉ふるいでふるっておく。4～5は同じで、半分ずつに分ける。6～8を参考に、5の1つにAと牛乳大さじ1をまぜ、もう1つにBとくるみと牛乳大さじ1をまぜる。パウンド型にココア生地を入れてたいらにし、その上にバター生地を入れてたいらにする。10と同様にオーブンで焼く。

もっと アレンジ アイデア

くるみのかわりに、チョコチップやレーズンを入れてもおいしいよ。また、抹茶色の生地と2色にしてもいいね。

材料

- A
  - □ 薄力粉 …………… 90g
  - □ ベーキングパウダー …… 小さじ1
- B
  - □ 薄力粉 …………… 90g
  - □ ココアパウダー …………… 10g
  - □ ベーキングパウダー …… 小さじ1
- □ バター …………… 90g
- □ 砂糖 …………… 80g
- □ 卵 …………… 1個
- □ くるみ（きざんでおく） …………… 20g
- □ 牛乳 …………… 大さじ2

材料

(18 × 18cmの角型 1つ分)

- [ ] クリームチーズ　200g
- [ ] 砂糖　80g
- [ ] 生クリーム　150ml
- [ ] プレーンヨーグルト(無糖)　50g
- [ ] 粉ゼラチン　10g
- [ ] 水　40ml
- [ ] プレーンビスケット　100g
- [ ] バター　50g

かざり用
- [ ] ピスタチオ（あれば）少し

必要な道具

- [ ] ボウル(3)
- [ ] 18×18cmの角型
- [ ] 小さいボウル
- [ ] めん棒
- [ ] 口のとじるポリ袋
- [ ] ラップ
- [ ] 泡だて器
- [ ] ゴムべら

つくりはじめる前に

- クリームチーズは冷蔵庫から出して、やわらかくしておく。
- 角型の全体にラップをしいておく。

パティシエのコツ！

これは焼かないお菓子だから18×18cmの角型がなくても同じくらいの大きさのきれいな箱でもだいじょうぶよ。

つくり方

1 バターをとかす

熱湯の入ったボウル

ボウルにバターを入れ、ボウルの底を熱湯にあて、しっかりとかしておく。

2 ビスケットを細かくする

口のとじるポリ袋にビスケットを入れ、めん棒などでたたいて細かくする。さらに上からめん棒をころがして、かたまりがないようにする。

3 バターとビスケットをまぜる

1のとかしたバターに、2のくだいたビスケットを入れ、ゴムべらでよくまぜる。

4 型にしきつめる

準備しておいた角型に、3のビスケットを入れ、ゴムべらでたいらにし、少し押すようにしてしきつめる。

5 粉ゼラチンをふやかす

小さいボウルに粉ゼラチンを入れ、材料の水を加えてまぜ、ふやかしておく。

6 生クリームを泡だてる

このくらいだよ

ボウルに生クリームを入れ、泡だて器でとろりとするまで泡だてる。使うまで冷蔵庫に入れておく。

7 クリームチーズをねる

このくらいだよ

別のボウルにクリームチーズを入れ、ゴムべらでクリーム状にねる。

8 砂糖を加える

7のボウルに砂糖を加え、まぜる。

9 ゼラチンをとかす

熱湯の入ったボウル

5のゼラチンのボウルの底を熱湯にあて、液体になるまでよくとかす。

10 チーズを少しまぜる

ゼラチンが完全にとけたら熱湯からはずし、8のチーズを少し入れ、泡だて器などでまぜる。

パティシエのコツ！
とかしたゼラチンは、チーズを少しまぜておくと、あとで全体に加えるときにまざりやすくなるのよ。

11 チーズとあわせる

8のチーズに10のゼラチンを加え、まぜる。

チーズを少しまぜておいたゼラチンは、ここで入れるんだわ！

12 ヨーグルト生クリームを加える

ヨーグルトと、冷蔵庫に入れておいた生クリームを順番に加え、まぜあわせる。

13 型に入れ、冷やす

4の型に12の生地を流し入れ、表面をゴムべらでたいらにし、冷蔵庫で約2時間冷やしかためる。

14 型から出して、切り分ける

かたまったら型から取り出し、ラップをはずして好きな大きさに切る。細かくきざんだピスタチオをかざる。

こんがり焼いて、こうばしさをプラス

ベイクド
チーズケーキ

レベル
ふつう！
★★★
製作時間 90分

ビスケットのサクサク感と
濃厚なチーズがたまらない！

パート2 あこがれ ケーキ

材料

（直径15cm 丸型1つ分）

クリームチーズ	200g
砂糖	40g
卵	1個
生クリーム	80ml
コーンスターチ	大さじ1と1/2
グラハムビスケット	80g
バター	40g

必要な道具

- ボウル（2）
- 直径15cmの丸型
- めん棒
- 厚めのポリ袋
- ゴムべら
- 泡だて器
- ざる
- オーブン
- オーブンミトン

つくりはじめる前に

- 型の内側にバター（分量外）をうすくぬっておく。
- クリームチーズは室温において、やわらかくしておく。

つくり方

1 ビスケットをくだく

厚めのポリ袋にグラハムビスケットを入れて、めん棒などでたたいて細かくくだく。

2 バターをとかす

ボウルにバターを入れ、ボウルの底に熱湯をあててとかす。

パティシエのコツ！

小さなフライパンに半分の深さぐらいの湯を沸かして、火からおろし、その湯にボウルの底をつける方法もあるよ。

3 バターとビスケットをまぜる

バターがとけた **2** のボウルに、**1** を加えてまぜあわせる。

4 ビスケット生地を型にしきつめる

バターをぬった丸型に **3** の生地を入れ、ゴムべらなどで底にギュッと押しつけるようにしてしきつめる。

5 クリームチーズをなめらかにする

ボウルにクリームチーズを入れ、ゴムべらでまぜてなめらかにする。

6 砂糖をまぜる

5 のボウルに砂糖を加え、ゴムべらでまぜあわせる。

7 卵、生クリーム コーンスターチを順にまぜる

6 のボウルに卵を加えて泡だて器でまぜ、生クリーム、コーンスターチを加えてよくまぜる。

8 チーズ生地をこす

7をざるでこして、ボウルに入れる。

パティシエのコツ！
少しめんどうに感じるかもしれないけれど、一度こしておくと、とってもなめらかに仕上がるのよ！

オーブンを170度にあたためはじめる。

9 型にチーズ生地を流し入れる

4の型に8のチーズ生地を流し入れる。

10 オーブンで焼く

170度のオーブンで60〜70分、表面がきつね色になるまで焼く。焼き上がったら、そのまま冷まし、あら熱がとれたら冷蔵庫で冷やす。

やけどに注意！
オーブンから取り出すときは、とても熱いので、かならずオーブンミトンをつけて作業してね。

11 型からはずす

型の周囲と底に、あたたかいぬれぶきんをあてて型から取り出す。

あたたかいぬれぶきんをあてると、型からはずれやすくなるんだって！

プチ アレンジ

ビスケットをかえてチョコチーズケーキに！

型の底にしきつめるビスケット生地を、チョコ風味のビスケットでつくれば、チョコチーズケーキにアレンジできるよ。チーズのクリーム色とチョコの茶色の2層がきれいだよ。

＼挑戦したいあこがれのスイーツ♥／

いちごの ショートケーキ

レベル
がんばれ！
★★★

製作時間 120分

ふわふわのスポンジに
生クリームといちごの名コンビ！

パート2 あこがれ ✨ ケーキ

材料

（直径18cmの丸型1つ分）

スポンジケーキ
薄力粉	80g
バター	30g
砂糖①	80g
卵	3個

シロップ
熱湯	大さじ1
砂糖	大さじ1

かざり用
生クリーム	400ml
砂糖②	50g
いちご	1パック

必要な道具

- □ 耐熱容器
- □ ボウル（2）
- □ 電動泡だて器
- □ 泡だて器
- □ ゴムべら
- □ コップ
- □ スプーン
- □ はけ
- □ まな板
- □ 包丁
- □ 粉ふるい
- □ オーブン
- □ オーブンミトン
- □ 直径18cmの丸型
- □ ラップ
- □ オーブンシート
- □ ケーキクーラー（または網）
- □ ケーキナイフ
- □ パレットナイフ
- □ しぼり出し袋と星型の口金
- □ 回転台

つくりはじめる前に

- スポンジケーキ用のバターを耐熱容器に入れ、ラップをかけて電子レンジで20秒ほど加熱してとかしておく。
- スポンジケーキを焼く直径18cmの丸型に、オーブンシートをしいておく。

オーブンシートを型の底にあわせて丸く切る。

オーブンシートを型の高さにあわせて細長く切る。

パティシエのコツ！

回転台がなければ、直径18cm以上のたいらな皿を用意しよう。

つくり方

1 卵と砂糖を泡だてる

このくらいだよ

ボウルに砂糖①と卵を入れ、電動泡だて器を使って、持ち上げたときにとろりとするまで泡だてる。

2 薄力粉をふるい入れる

1のボウルに薄力粉を粉ふるいでふるって入れ、ゴムべらでまぜる。

3 バターを加える

とかしておいたバターを加え、まぜる。

170! オーブンを170度にあたためはじめる。

4 型に流し入れる

準備しておいた丸型に、3の生地を流し入れる。

5 型をまわす

型をテーブルなどにおいたまま、くるっくるっとまわし、中の生地をたいらにする。

6 オーブンで焼く

170度のオーブンで25〜30分、表面がきつね色になるまで焼く。

やけどに注意！

オーブンから取り出すときは、とても熱いので、かならずオーブンミトンをつけて作業してね。

パティシエのコツ！

きつね色になるまで焼いたら竹ぐしをさしてみてくっついてこなければ焼けているよ！

パート2 あこがれ ケーキ

7 ケーキを冷ます

焼き上がったスポンジケーキは、オーブンミトンをして熱いうちに型から取り出し、ケーキクーラーや網などにのせて冷ます。

8 シロップをつくる

コップにシロップの材料（熱湯と砂糖）を入れ、スプーンでまぜあわせ、冷ましておく。

9 いちごを準備

いちご1パックの3分の2は、ヘタを取って半分に切る。残りの3分の1は、ヘタをとって切らずにかざり用に残しておく。

10 ケーキを切る

スポンジケーキのオーブンシートをはずし、ケーキナイフで表面をうすく切り取る。さらに厚さが半分になるように横に切る。

11 シロップをぬる

下半分のスポンジを回転台にのせ、表面全体に 8 のシロップをはけでぬる。

12 生クリームを泡だてる

このくらいだよ

ボウルに生クリームと砂糖②を入れ、ボウルの底を氷水にあてながら、泡だて器でとろりとするまで泡だてる。

89

13 生クリームの半分を冷蔵庫に

泡だてた生クリームの半分を別のボウルにうつし、冷蔵庫に入れておく。

パティシエのコツ！
残りの生クリームは、さらにしっかり泡だてて使うよ。冷蔵庫に入れた生クリームはゆるく泡だてたものだからあとでケーキ全体にぬるときに使うのよ。

14 残りの生クリームをしっかり泡だてる

このくらいだよ

冷蔵庫に入れなかったほうの生クリームをさらに泡だて器でツノがたつくらいまで泡だてる。

パティシエのコツ！
泡だて器を持ち上げたときに、ツノがたつようになったらOK。あまり泡だてすぎるとモソモソになってくるので、気をつけて！

15 生クリームをぬる

11でシロップをぬった下半部のスポンジに、**14**の生クリームの半分をパレットナイフでぬる。

16 いちごをのせる

半分に切っておいたいちごをのせ、上から残っている**14**の生クリームをぬる。

17 ケーキをのせる

上半分のスポンジをのせ、表面にシロップをはけでぬる。

パート2 あこがれ✨ケーキ

18 生クリームを全体にぬる

冷蔵庫に入れておいた生クリームの半分を、表面全体にぬる。ケーキの側面にクリームをぬるときは、回転台をまわしながらぬる。

19 生クリームを泡だてる

18で残った生クリームを泡だて器でツノがたつくらいまでもう一度泡だて、星型の口金をつけたしぼり出し袋に入れる。

20 生クリームをかざる

ケーキの上に生クリームをしぼり出す。はじめは力を入れてしぼり出し、横に動かしながら、力をぬくときれいにしぼれる。

21 いちごをかざる

9で残しておいたいちごをかざる。

プチ♡アレンジ

かざりつけをかえてバースデーケーキに！

いちごは半分に切ったものをならべてもかわいいよ。

全体に生クリームをぬったあと、パレットナイフで側面のクリームを下から上に持ち上げるようにして、もようをつけていくワザもあるよ。

チョコペンは湯につけてやわらかくしてから使うよ。クッキーにチョコペンでメッセージやもようをかこう。

チョコペンでつくったかざりをちりばめてもかわいいよ（115ページを見てね）。

＼切り口がとってもキュート！／

フルーツ ロールケーキ

レベル
がんばれ！
★★★
製作時間 60分

ふわっふわっのスポンジケーキで好きなフルーツを巻いちゃおう☆

パート2 あこがれ ケーキ

材料

（26×26cmの天板1枚分）

いちご	2〜3粒
キウイフルーツ	1/4個
バナナ	1/3本
生クリーム	150ml
砂糖①	20g
スポンジケーキ	
薄力粉	40g
砂糖②	40g
卵	2個
サラダ油	大さじ2/3
牛乳	大さじ2/3
シロップ	
熱湯	大さじ1
砂糖	大さじ1
かざり用	
粉糖	好きな量

必要な道具

☐粉ふるい ☐ボウル ☐電動泡だて器

☐泡だて器 ☐ゴムべら ☐カード ☐パレットナイフ

☐コップ ☐スプーン ☐はけ ☐オーブン

☐オーブンシート ☐オーブンの天板 ☐オーブンミトン ☐茶こし

  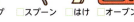
☐ケーキクーラー（または網） ☐ケーキナイフ（または包丁） ☐めん棒

つくりはじめる前に

スポンジケーキを焼くオーブンの天板に、オーブンシートをしいておく。

 オーブンの天板よりもひとまわり大きいオーブンシートを用意し、角のところをはさみで切る。 切ったところを重ねあわせるようにして、天板にきっちりしきこむ。

つくり方

1 卵と砂糖を泡だてる

ボウルに砂糖②と卵を入れ、電動泡だて器を使って、持ち上げたときにとろりとするまで泡だてる。

🔥180 オーブンを180度にあたためはじめる。

このくらいだよ

2 薄力粉をふるい入れる

1のボウルに薄力粉を粉ふるいでふるって入れ、ゴムべらで泡をつぶさないようにふんわりとまぜる。

パティシエのコツ！
ゴムべらの面をたてて切るようにしてまぜると泡がつぶれにくいよ。

3 サラダ油牛乳を加える

サラダ油、牛乳を加え、まぜる。

4 天板に流し入れる

準備しておいた天板に、3の生地を流し入れる。

5 オーブンで焼く

カードなどで生地をたいらにし、180度のオーブンで10〜12分焼く。

やけどに注意！
オーブンの中はとても熱いので、かならずオーブンミトンをつけて作業してね。

6 ケーキを冷ます

焼き上がったスポンジケーキは、オーブンミトンをして天板から取り出し、ケーキクーラーや網などにのせて冷ます。

パティシエのコツ！
ここでしっかり冷ましておかないと、クリームがとけてきて巻きにくくなっちゃうよ。

7 シロップをつくる

コップにシロップの材料（熱湯と砂糖）を入れ、スプーンでまぜあわせ、冷ましておく。

8 フルーツを切る

いちご、キウイフルーツ、バナナは、それぞれ1cm角に切る。

9 オーブンシートをはがす

スポンジケーキが冷めたら、まわりのオーブンシートをはがし、裏返して全部はがす。

10 ケーキの端を切る

スポンジケーキより大きいオーブンシートを用意し、その上にスポンジケーキをの焼き色がついているほうを上にしておく。1辺の端から幅1cmくらいをケーキナイフでななめに切り落とす。むかい側の端も同じようにななめに切る。

パティシエのコツ！

真横からみると、こう切り落とすよ。これで巻きやすくなるの！

11 ケーキの端に切りこみを入れる

ここが巻きはじめになるよ

ななめに切った1辺の端から、1cm幅で3本くらい、深さ5mmくらいの切りこみを入れる。

12 シロップをぬる

スポンジケーキの表面全体に、**7**のシロップをはけでぬる。

13 生クリームを泡だてる

このくらいだよ

ボウルに生クリームと砂糖①を入れ、泡だて器でツノがたつくらいまで泡だてる。

電動泡だて器を使うとラクに泡だてられるって！

14 クリームをぬる

ななめに切ったところ

切りこみを入れたところ

スポンジケーキに、生クリームをパレットナイフでぬる。むこう側3cmくらいはぬらない。

パティシエのコツ！

端までクリームをぬってしまうと、巻いていったときに、クリームがはみ出しちゃうの。だから巻きおわりに近くなるところにはぬらなくていいのよ！

15 フルーツをちらす

小さく切ったフルーツを手前から4分の3くらいにちらす。

16 ケーキを巻く

切りこみを入れておいたほうを手前にして、オーブンシートごと持ち上げて、ななめ前に引っぱり上げるようにしながら、ケーキを巻く。

オーブンシートも
いっしょに
巻いちゃいそうだな〜。

パティシエのコツ！

オーブンシートだけを引っぱり
上げるようにして巻こうね。
うしろにめん棒をあてて
めん棒を前に押すようにすると
巻きやすいよ。

17 ロールケーキを冷やす

巻きおわったら形をととのえて、オーブンシートでつつみ、両端をねじる。冷蔵庫で約1時間冷やす。

18 粉糖をかける

オーブンシートを取り、表面に粉糖を茶こしでふるってかける。

ロールケーキアレンジ

フルーツロールケーキ（92～97ページ）をアレンジすると、クリスマス向けのケーキがつくれるよ！ ちょっとむずかしいけれど、がんばってみてね！

切り株の形をした、クリスマスの定番ケーキ！
ブッシュドノエル

パート2 あこがれ ケーキ

材料 （26cm×26cmの天板1枚分）

スポンジケーキ
- [ ] 薄力粉 ……………………………… 40g
- [ ] 砂糖 ………………………………… 40g
- [ ] 卵 …………………………………… 2個
- [ ] サラダ油 ………………………… 大さじ2/3
- [ ] 牛乳 ……………………………… 大さじ2/3

シロップ
- [ ] 砂糖 ……………………………… 大さじ1
- [ ] 熱湯 ……………………………… 大さじ1

チョコ生クリーム
- [ ] チョコレート ……………………… 80g
- [ ] 生クリーム ……………………… 200ml

かざり用
- [ ] きのこ、小枝の形のお菓子 ……… 適量

つくり方

◆ スポンジケーキをつくる

1～12までのつくり方と同じ（フルーツは入れないので、8はとばす）。

◆ チョコ生クリームをつくる

1 チョコレートは包丁で細かくきざんでボウルに入れる。ボウルの底を50度の湯にあて、チョコレートをとかす（126ページを見てね）。

2 1のボウルに、生クリームを少しずつ入れながら、泡だて器でとろりとするまで泡だて、チョコ生クリームをつくる。3分の1量を別のボウルに入れ、冷蔵庫に入れて冷やしておく。

3 残りのチョコ生クリームを、泡だて器でツノがたつくらいまで泡だてる。

◆ チョコ生クリームのロールケーキをつくる

つくり方14と同様に、しっかり泡だてたチョコ生クリームをぬって巻く。17と同様に、オーブンシートでつつみ、冷蔵庫で約1時間冷やす。

◆ 切り株の形にする

冷やしておいたロールケーキの片方の端を、包丁でななめに切る。

冷蔵庫で冷やしておいた、ゆるく泡だてたチョコ生クリームを、パレットナイフで表面全体にぬる。

フォークを使ってすじをつけ、木のようなもようをつける。きのこや小枝の形のお菓子をかざる。

パティシエのコツ！

チョコ生クリームは使う直前まで冷蔵庫で冷やしておこう。

レベル
かんたん！
★★★
製作時間 60分

栗&さつまいも
2種類のクリームが最高！

市販のタルトレットを使えばラクチン！
モンブラン ♪

パート2 あこがれ ケーキ

材料

（直径5cmのタルトレット 12個分）
- タルトレット（市販）　12個

栗のクリーム
- 生クリーム①　100ml
- 砂糖　10g
- 甘栗（皮がむいてあるもの）20g

さつまいものクリーム
- さつまいも（小）2～3本（約150g）
- はちみつ　大さじ1と1/2
- 牛乳　大さじ1と1/2
- 生クリーム②　50ml

必要な道具

- ボウル
- 泡だて器
- 包丁
- まな板
- しぼり出し袋（または厚めのポリ袋）
- 丸型の口金
- 竹ぐし
- ふきん

パティシエのコツ！

タルトレットは、スーパーなどのお菓子材料売り場においてあるので探してみてね。

つくり方

1 生クリームを泡だてる

このくらいだよ

ボウルに生クリーム①と砂糖を入れ、泡だて器でツノがたつくらいまで泡だてる。

2 甘栗をきざむ

甘栗は包丁で細かくきざむ。

3 生クリームと栗をまぜる

2をかざり用に少し残して、残りは1のボウルに加えてさっくりとまぜる。

4 タルトに栗のクリームをしぼる

丸型の口金をつけたしぼり出し袋に3の栗のクリームを入れ、タルトレットの9分目までしぼり出す。

5 さつまいもをレンジで加熱する

さつまいもは水でよく洗い、耐熱皿にのせてラップをかけて、電子レンジ（600W）で5～6分加熱する（竹ぐしがすっと通ればOK。通らなければ、あと1～2分加熱する）。

6 皮をむいて、つぶす

5が熱いうちに、やけどをしないように、ふきんなどで押さえながら皮をむき、120g分をはかってボウルに入れ、フォークでつぶす。

パート2 あこがれ ケーキ

7 はちみつ 牛乳をまぜる

6のボウルに、はちみつと牛乳を加え、ゴムべらでまぜあわせる。

8 生クリームをまぜる

生クリーム②を少しずつ加え、なめらかになるまでゴムべらでまぜる。

9 さつまいもクリームをしぼる

丸型の口金をつけたしぼり出し袋に8のさつまいものクリームを入れ、4のタルトレットに等分にしぼり出す。かざり用の栗をのせる。

パティシエのコツ！

しぼり出し袋の口金を小さな穴がたくさんあいたモンブラン用の口金にすると、さつまいものクリームを、細い糸のようにしぼり出せるよ。

★ちょっと豆ちしき★
日本初のモンブランは東京・自由が丘から

フランス語で「白い山」という意味を表す「モンブラン」。今ではどこのケーキ屋さんにもあるほど定番のケーキですが、日本で最初にモンブランが登場したのは1933年。東京・自由が丘にある「モンブラン」というお店が完成させました。

冷凍パイシートは超優秀！

アップルパイ

レベル
かんたん！
★☆☆
製作時間 60分

サクサクしたパイのなかに、りんごがたっぷり〜！

パート2 あこがれ✨ケーキ

材料

(6個分)

- [ ] 冷凍パイシート（18×10cm）4枚（約300g）
- [ ] りんご　1個
- [ ] バター　15g
- [ ] 砂糖　30g
- [ ] シナモンパウダー　小さじ1/4
- [ ] 卵　1個

つくりはじめる前に

冷凍パイシートは冷凍庫から出して、包丁で切れるくらいに解凍しておく。

必要な道具

- [ ] まな板
- [ ] 包丁
- [ ] バット

- [ ] フライパン
- [ ] 木べら
- [ ] はけ

- [ ] フォーク
- [ ] ボウル
- [ ] オーブンミトン

- [ ] オーブンシート
- [ ] オーブン
- [ ] オーブンの天板

つくり方

1 りんごの皮をむく

りんごは縦12等分くらいに切り、しんをとって、皮をむく。

2 りんごを細かく切る

皮をむいたら1cm幅に細かく切って、ボウルなどに入れておく。

パティシエのコツ！

このあと、フライパンにりんごをすばやく入れないといけないからボウルなどに入れておこうね！

3 フライパンで砂糖をとかす

フライパンに砂糖を入れて強火にかけ、砂糖をとかす。茶色くなってきたら、すぐにりんごを加える。

4 りんごを炒める

木べらを使って、りんごがしんなりするまで、強火で2〜3分炒める。

5 バターとシナモンパウダーを加える

中火にし、バターとシナモンパウダーを加え、よくまぜる。

6 バットに取り出す

バットに取り出し、よく冷ます。

7 パイシートを切る

パイシートは1枚を3等分に包丁で切り、全部で12枚用意する。

 オーブンを200度にあたためはじめる。

8 卵をぬる

ボウルに卵をといて切り分けたパイシートのうち6枚に、はけでぬる。

パート2 あこがれ ケーキ

9 りんごをはさむ

卵をぬったパイシートのまん中に、りんごをのせ、卵をぬっていないパイシートかぶせる。

10 ふちをとじる

重ねたパイシートのふちにフォークをあて、ギュッとおさえる。

11 表面に卵をぬる

といておいた卵を表面にはけでぬり、パイシートの上面中央に3本ほど包丁で切りこみを入れる。

パティシエのコツ！
パイ生地がふくらんだときに熱がこもって破裂しないように、空気が出る穴をあけておくんだよ！

12 オーブンで焼く

オーブンシートをしいた天板に11をならべ、200度のオーブンで約20分、全体がきつね色になるまで焼く。天板に一度にならべられないときは、2回に分けて焼く。

やけどに注意！
オーブンから取り出すときは、とても熱いので、かならずオーブンミトンをつけて作業してね。

プチ♡アレンジ

りんごのソテーをアイスにのせて冷たいデザートに！

バニラアイスクリームに、6で冷ましたりんごのソテーをのせるだけで、冷たいデザートが完成！ シナモンとりんごとバニラアイスのおいしいハーモニーが味わえるよ。

パイシートを切りぬいて、おもしろ顔に

パンプキンパイ

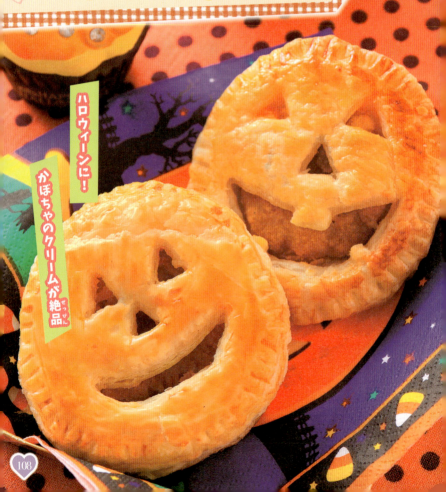

ハロウィーンに！

かぼちゃのクリームが絶品

材料

(直径8cmの丸型 約3個分)

市販の冷凍パイシート	3枚
卵	1個
かぼちゃのクリーム	
かぼちゃ	200g
砂糖	30g
バター	40g
生クリーム	20ml

必要な道具

- □ 小さいボウル（卵をとく用）
- □ 耐熱ボウル（電子レンジで使用できるボウル）
- □ オーブン
- □ オーブンの天板
- □ オーブンミトン
- □ 包丁
- □ まな板
- □ フォーク
- □ はけ
- □ めん棒
- □ オーブンシート
- □ ラップ
- □ 直径8cmの丸型

つくりはじめる前に

- 冷凍パイシートは冷凍庫から出して、やわらかくしておく。
- バターは冷蔵庫から出して、手でさわると少しへこむくらいにしておく。
- 小さいボウルに卵を入れ、といておく。

パティシエのコツ！

直径8cmの丸型がなければ、厚紙を細長く切って、端と端を重ねてホッチキスでとめて、丸くととのえると型になるよ！

つくり方

1 かぼちゃをレンジにかける

かぼちゃをひと口大に切って耐熱ボウルに入れ、ラップをして電子レンジ（600W）で4分加熱する。

2 皮を取り、つぶす

さわれるくらいに冷めたら、緑の皮を包丁で取りのぞき、フォークでつぶす。

3 砂糖とバターをまぜる

砂糖を加えてつぶすようにまぜ、バターを加えてつぶすようにまぜる。

4 生クリームをまぜる

生クリームを加えてまぜる。

5 パイシートをのばす

オーブンシートを広げ、パイシートを1枚のせ、上にもオーブンシートをかぶせる。上からめん棒をころがし、厚さが3〜4mmになるようにのばす。

6 丸型でぬく

丸型でぬき、2枚1組にする。残りの2枚のパイシートも同じように型でぬく。

型でぬいたあとのあまったパイ生地はどうしたらいいの?

パティシエのコツ!

56〜59ページや158〜159ページを見てアレンジしてみて。

7 顔をつくる

2枚1組の1枚をまな板にのせ、ジャックオーランタンの顔になるように、目や口の部分を切りとる。

パティシエのコツ！
顔になるように切るのがむずかしかったら、焼き上がったあとでチョコペンで顔をかいてもいいよ！

8 クリームをはさむ

2枚1組の、顔をつくらなかったほうは、フォークでところどころに穴をあけ、まん中に 4 を20gほどのせ、ふちに卵液をぬって、顔のほうの1枚をかぶせる。

9 ふちをとめる

8 のふちにフォークあてて、ギュッとおさえる。

10 卵液をぬる

顔の部分に卵液をはけでぬり、冷蔵庫で20分冷やす。

オーブンを200度にあたためはじめる。

11 焼く

オーブンシートをしいた天板に 10 をのせ、200度のオーブンで15～20分焼く。

やけどに注意！
オーブンから取り出すときは、とても熱いので、かならずオーブンミトンをつけて作業してね。

＼プチシューなら失敗しにくいよ！／
シュークリームツリー

レベル
ふつう！
★★☆
製作時間 120分

シュークリームをつみ重ねてツリーに！

パート2 あこがれ ケーキ

材料

（直径3cmのシュー・約20個）

シュー生地

□ 薄力粉	50g
A □ 水	100ml
□ バター	50g
□ 塩	ひとつまみ
□ 卵（Lサイズ）	2個
□ カスタードクリーム（▶116ページ）	200ml
□ チョコレート	50g
□ 粉糖	適量
□ チョコペンでつくったかざり（▶115ページ）	適量

必要な道具

- □ 小さいボウル（卵をとく用）
- □ 耐熱ボウル（2）
- □ きりふき
- □ オーブンの天板
- □ オーブンミトン
- □ オーブン
- □ ラップ
- □ オーブンシート
- □ 泡だて器
- □ 星型の口金
- □ しぼり出し袋(2)

つくりはじめる前に

オーブンシートを天板の大きさに切り、間かくをあけて直径3cmの円をかいておく（シューの大きさがそろう）。

つくり方

1 バターをとかす

耐熱ボウルにAを入れ、ラップをかけて電子レンジ（600W）で2分30秒加熱する。

2 薄力粉を加える

1に薄力粉を加え、泡だて器でまぜる。再びラップをして電子レンジ（600W）で1分加熱する。

3 卵を加える

小さいボウルに卵をといて、2のボウルに3回に分けて少しずつ加え、そのつどよくまぜる。

パティシエのコツ！
卵を少しずつ入れてまぜていき、
卵を全部入れても
生地がかたいときは
水大さじ1〜2をたして
調節しよう。

4 もったりするまでまぜる

このくらいだよ

泡だて器で持ち上げて、生地がボタっと落ちたあと三角になるくらいになるまでまぜる。

5 しぼり出し袋に入れる

しぼり出し袋に4を入れる。

オーブンを200度にあたためはじめる。

6 生地をしぼり出す

円をかいておいたオーブンシートを裏返して天板にしき、円の大きさにあわせて5の生地をしぼり出す。しぼり出した先がとがってしまったら、指に水をつけて、先をおさえて形をととのえる。

パティシエのコツ！
オーブンシートは裏返せば
えんぴつやマジックで
円をかいても気にならないね。

7 焼く

6の生地の表面にきりふきで水をかけ、200度のオーブンで12〜15分焼く。つぎに160度に下げて、さらに5分焼く。焼き上がったら、オーブンのとびらを開けずにそのまま20分おいて乾燥させてから取り出し、冷ます。

8 クリームをつめる

カスタードクリームをしぼり出し袋に入れ、7のシューの底に口金をさしこんでクリームを入れる。

9 ツリーのようにつみあげる

皿に8のシュークリームをツリーのようにつむ。とちゅう、カスタードクリームを少しつけてつみ重ねると、くっつきやすい。

10 チョコをとかす

ボウルにチョコレートを入れ、ボウルの底を50度くらいの湯（→126ページ）にあててとかし、9にかける。粉糖をふり、チョコペンでつくったかざり（下を見てね）をのせる。

チョコペンでつくるかざり

1 好きな形をかく

バットにオーブンシートをしいて、その上にチョコペンでハートや花など、好きな形をかく。

2 冷やして、取る

バットごと冷蔵庫に30分ほど入れて冷やしかためる。チョコがかたまったら、竹ぐしなどで取る。

電子レンジでかんたんにつくれる
カスタードクリーム

カスタードクリームって、つくるのがむずかしそうなイメージがあるけれど
電子レンジを使うと、とってもかんたんにつくれるんだよ。

材料

薄力粉	20g
砂糖	50g
卵（Lサイズ）	1個
牛乳	200ml
バニラエッセンス	少々

必要な道具

- ☐ 耐熱ボウル（電子レンジで使用できるボウル）
- ☐ 泡だて器
- ☐ ラップ
- ☐ 小さいボウル（卵をとく用）

つくり方

1 薄力粉と砂糖をまぜる

耐熱ボウルに薄力粉と砂糖を入れ、泡だて器でよくまぜる。

2 卵を加える

小さいボウルに卵をといて、1のボウルに少しずつ加え、よくまぜる。

3 牛乳を加える

牛乳を加えてよくまぜる。

4 電子レンジで加熱する

3をラップかけずに電子レンジ（600W）で2分加熱する。いったん取り出して熱がゆきわたるように泡だて器でまぜ、再びラップをかけずに電子レンジ（600W）で1分30秒加熱する。

パティシエのコツ！

わざと2回に分けて加熱するのがポイントなのよ。
とちゅうでよくまぜて
全体に少しずつ
熱が入るようにしようね。

一度に加熱すると熱が強すぎるってことですね！

5 とろみがつくまでまぜる

電子レンジから取り出し、バニラエッセンスを2～3滴入れ、泡だて器でかきまぜる。とろみがついたらできあがり。

6 冷やす

乾燥しないようにラップをクリームにぴったりつけて、冷ましてから冷蔵庫で冷やす。

ケーキ食べつくし！アレンジ

少し残ったケーキやくり返し味わったケーキを、ちょっとアレンジして新しいデザートに変身させちゃおう！

アイスといっしょに盛りつけてパフェに！
ケーキパフェ

材料（1人分）

- □ ベイクドチーズケーキ
  （▶82ページ）……… 1切れ
- □ バニラアイスクリーム…… 50g
- □ コーンフレーク ……… 大さじ4
- □ バナナ（ななめ切り）……… 3枚
- □ いちご（半分に切る）… 1/2粒
- □ チョコレートソース……… 適量
- □ ピスタチオ（あれば）……… 適量

つくり方

1 グラスにアイスクリームとコーンフレークを半量ずつ重ねるように盛りつけ、バナナ、いちご、チーズケーキをのせる。

2 チョコレートソースをかける。

3 ピスタチオは包丁できざみ、アイスクリームの上にかざる。

パティシエのコツ！

パフェ用のグラスでなくても好きなグラスでつくってみて。飲み口が広いコップのほうが食べやすいよ。

パート2 あこがれ ケーキ

スコップケーキ
食べたい分だけお皿にとってね！

つくり方

1 ボウルに生クリームと砂糖を入れ、泡だて器でツノがたつくらいまで泡だてる。

2 パウンドケーキと黄桃は、それぞれ厚さ1cmくらいに切る。

3 容器に半量のパウンドケーキをしき、半量のマーマレードをぬる。半量の黄桃をならべ、**1**の生クリームを半量流し入れる。

4 同じように、残りのパウンドケーキ、マーマレード、黄桃、生クリームの順に重ね、パレットナイフで表面をたいらにする。

5 ラップをかけて、冷蔵庫で30分ほど冷やす。

パティシエのコツ！

生クリームがパウンドケーキにしみこんだほうがおいしいのできちんと冷蔵庫で冷やしてね。
大きめのスプーンで、好きな分量を取り分けて食べよう。

材料
（15×20cm、高さ5cmくらいの保存容器1つ分）

- □ 紅茶のパウンドケーキ（▶72ページ） ･･････ 1/4量分
- □ 黄桃（缶詰・半割） ･･････ 4個
- □ マーマレード ･･････ 大さじ2
- □ 生クリーム ･･････ 150ml
- □ 砂糖 ･･････ 15g

119

フルーツチョコレート

🌸 材料 つくりやすい分量

- ミルクチョコレート　200g
- バナナ、いちご、キウイフルーツなど　適量
- チョコスプレー　適量
- アラザン　適量

🌸 必要な道具

- 包丁
- まな板
- ボウル　2個
- ゴムべら

・つくり方・

1　チョコレートを細かくきざみ、ボウルに入れる。

2　①のボウルを、50度くらいの湯の入ったボウルにつける。ボウルの底のほうのチョコレートがとけてきたら、ゴムべらでまぜながらとかす。

3　好みのフルーツに、チョコレートをスプーンでかける。カラーチョコスプレーやアラザンなどでかざりつける。

完成

きれー☆

ところでみんな誰にあげるのかな？

\ 好きな文字をつくろう /

アルファベットチョコ

レベル
かんたん！
★☆☆
製作時間 40分

ドライフルーツをのせると
オシャレ度がアップ↑

材料

- [ ] チョコレート　　　　100g
- [ ] 好みのナッツやドライフルーツ
　　　　　　　　　　好きな量

パティシエのコツ！

ポリ袋はチョコレートをしぼり出すときに使うから、しっかりとした厚いものを用意してね。

必要な道具

- [ ] まな板
- [ ] 包丁

- [ ] ボウル(2)
- [ ] ゴムべら
- [ ] 厚めのポリ袋

- [ ] オーブンシート
- [ ] バット

パティシエ ★ ノート ★ ナッツやドライフルーツで見ためをアップ

チョコレートは、じつはとってもデリケート。かたまっていたものをとかして、もう一度かためると、波のような白い線がうっすらとできてしまうんだ。表面に白い線が出てもめだたないように、ナッツやドライフルーツをかわいくかざってね。67ページのトッピングアイテムをかざってもいいよ。

つくり方

1 チョコをきざむ

チョコレートを包丁で細かくきざみ、ボウルに入れる。

2 ボウルを湯につける

50度の湯

きざんだチョコレートの入った **1** のボウルを、50度くらいの湯の入ったボウルにつける。

熱湯のほうが、もっとはやくとけそうだけど…。

パティシエのコツ！
チョコレートは55度以上になると、風味や味がおちるんだ。おいしくつくるためには、50度くらいの温度でとかすのがポイントだよ。

3 チョコをとかす

ボウルの底のほうのチョコレートがとけてきたら、ゴムべらでまぜながらとかす。完全にとけたら湯につけるのをやめ、そのままおいて冷ます。

★ パティシエノート ★
50度の湯のつくり方

まずボウルに水を半分ぐらい入れておき、そこに熱湯を少しずつ入れながら、手を入れてみて、おふろよりやや熱いと思うくらいにすると、だいたい50度くらいになっているよ。熱湯をそそぐときは、ふれないように注意してね。

4 チョコのかたさをみる

このくらいだよ

3 のチョコレートをときどきゴムべらでまぜ、もったりとしたかたさになっているかどうかを確認する。

パティシエのコツ！
チョコレートがやわらかすぎるとポリ袋に入れてしぼり出したときに、形がきれいにならないので、少しかたいかなと思うくらいまで冷ましてね。

パート3 ✢ ラブリー ♥ チョコレート

5 ビニール袋にチョコを入れる

ポリ袋に4のチョコレートを入れ、角のほうにチョコをよせ、袋の角を少しだけはさみで切る。

7 かざりをつける

チョコレートがかたまらないうちに、小さく切ったナッツやドライフルーツをのせ、冷蔵庫で30分ほど冷やしかためる。

6 チョコをしぼり出す

バットの角にチョコをつけるとオーブンシートが動かないよ

バットを裏返しておき、上にオーブンシートをのせる。5のチョコレートを好きな形にしぼり出す。

★ パティシエノート ★

ステンレス製のボウルは熱が伝わりやすい！

チョコレートの入ったボウルを湯につけて、ゆっくりとあたためる方法を「湯せん」というよ。このときのボウルは、ステンレス製がおすすめ。ステンレス製は、熱が伝わりやすいので、湯の温度がチョコレートにはやく伝わるよ。

\ シリコンカップに流すだけ /

棒チョコレート

友チョコにおすすめ！

おもしろチョコでウケねらい☆

材料

（直径3cmシリコンカップ 約8～10個分）

- [ ] チョコレート　　　　　　100g
- [ ] ホワイトチョコレート　　100g
- [ ] プリッツェル　　　　　　10本
- [ ] チョコペン（白・茶・ピンクなど）
　　　　　　　　　　　　　　適量

必要な道具

- [ ] ボウル（2）
- [ ] バット
- [ ] わりばし
- [ ] ゴムべら
- [ ] 大きめのスプーン
- [ ] シリコンカップ 10個

パティシエのコツ！

チョコペンの色は流し入れるチョコの色とはちがうものを選ぼうね。

つくりはじめる前に

- シリコンカップを、プリッツェルが入るように、写真のようにはさみで切っておく。
- チョコレートが大きなかたまりなら、包丁で細かくきざんでおく。

つくり方

1 カップの底にもようをかく

シリコンカップの底に、チョコペンで顔などのもようをかき、かわかす。

「^_^」や「>_<」などの顔文字もおもしろいね！

チョコをとかす

ボウルにチョコレートを入れ、ボウルの底を50度くらいの湯（➡126ページ）にあてながらとかす。ホワイトチョコも同じようにとかす。

型にチョコを入れ、プリッツェルをおく

1のカップに2を5mm高さくらいまでスプーンで入れてバットにならべ、プリッツェルをおく。プリッツェルの先がチョコにつくように、わりばしでささえる。そのまま冷蔵庫で30分ほど冷やしかためる。

パティシエのコツ！

茶色のチョコペンでもようをかいたところにはホワイトチョコを白やピンクのチョコペンでもようをかいたところにはチョコレートを流し入れてね！

4 もう1色のチョコを入れる

3のチョコレートがかたまったら、上からもう1色のチョコをプリッツェルがかくれるまで流し入れる。冷蔵庫で2時間ほど冷やしかためる。

5 型をはずす

チョコレートがかたまったら、型から取り出す。

プチ♡アレンジ

チョコペンのかわりにトッピングアイテムでも！

チョコペンで顔やもようをかくかわりに、トッピングアイテム（→67ページ）をパラパラと入れておいてもいいよ。上からチョコを流し入れれば、かわいいもようのチョコが完成★

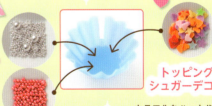

アラザンデコ
チョコレートの色にはえる、銀色やラメの入ったアラザンを入れてもきれいだよ。

トッピングシュガーデコ
カラフルなハートや星の形のトッピングシュガーを型の底にしいておき、上からチョコをそーっと流し入れてもいいよ。

プチカップチョコ

材料

(直径2.4cmのカップ・約20個分)
- [ ] チョコレート　　　　　200g
- [ ] チョコペン、アラザン、
   カラーチョコスプレー、
   トッピングシュガーなど　各適量

※かざりに使う材料は、67ページで紹介しているよ。

必要な道具

- [ ] ボウル(2)　　　 ゴムべら　　　大きめのスプーン

- [ ] 直径2.4cmの製菓用アルミカップ 20個
- [ ] ピンセット
※竹ぐし2本をはしのように使ってもOK。

つくりはじめる前に

- チョコレートが大きなかたまりなら、包丁で細かくきざんでおく。
- ボウルに半分くらいの量の湯を沸かしておく。

パティシエのコツ！

ボウルは2つ用意してね。ステンレスのボウルがあれば熱が伝わりやすいのでおすすめだよ。

ふつうの板チョコなら小さくわればいいね。

つくり方

1 ボウルを湯につける

2つ用意したボウルのうち、小さいほうのボウルにチョコレートを入れ、大きいほうのボウルに50度くらいの湯を半分くらい入れ、チョコレートの入ったボウルの底を湯にあてる。

50度の湯(つくる方法は126ページ)

パート3 ✦ ラブリー ♡ チョコレート

2 チョコをとかす

ゴムべらでまぜながら、チョコレートがなめらかになるまでとかす。

3 カップにチョコを入れる

製菓用アルミカップに 2 をスプーンで入れ、5分ほどそのままおいておく。

4 かざりつける

チョコレートの表面がかわかないうちに、アラザンやトッピングシュガーなどをピンセットや竹ぐし2本を使ってのせ、かざりつける。

5 冷やしかためる

冷蔵庫で2時間ほど冷やしかためる。

パティシエのコツ！

チョコを入れてすぐだと、かざりがしずんでしまうことも。5分ほどおいてチョコを落ちつかせるとかざりやすくなるよ。

プチ ♡ アレンジ

アイデアしだいでアレンジかんたん！

● ナッツデコ
アーモンドやカシューナッツなどをのせてもいいね。

● グミデコ
赤や黄色のグミを包丁で細かくきざんでかざってもきれいだよ。

● プチカップホワイトチョコ
ホワイトチョコでつくると、ロマンチックな仕上がりになるよ。

KISS チョコ

材料

（約20個分）

- [ ] ストロベリーチョコレート　100g
- [ ] ホワイトチョコレート　100g
- [ ] アラザン、
  トッピングシュガーなど　各適量

必要な道具

- [ ] ボウル（2）
- [ ] オーブンシート
- [ ] 直径1cmの星型の口金

- [ ] ゴムべら
- [ ] しぼり出し袋

- [ ] ピンセット
  ※竹ぐし2本をはしのように使ってもOK。
- [ ] まな板

つくりはじめる前に

- チョコレートが大きなかたまりなら、包丁で細かくきざんでおく。
- ボウルに半分くらいの量の湯を沸かしておく。

つくり方

1 ボウルを湯につける

2つ用意したボウルのうち、小さいほうのボウルにストロベリーチョコレートを入れ、大きいほうのボウルに50度くらいの湯を半分くらい入れ、チョコレートの入ったボウルの底を湯にあてる。

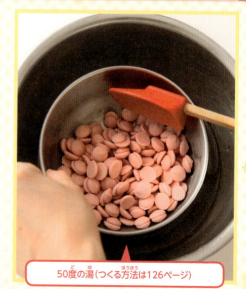

50度の湯（つくる方法は126ページ）

2 チョコをとかす

ゴムべらでまぜながら、チョコレートをとかす。とけたら湯からはずし、そのままおいて冷ます。ときどきゴムべらでまぜ、もったりとしたかたさになるまで冷ます（126ページのつくり方 4 と同じだよ）。

パティシエのコツ！

チョコレートはとかしたてだととろとろとしてしぼり出しにくいのでちょうどよいかたさになるまでしっかり冷まそう。ただし、冷蔵庫に入れるとかたくなりすぎてしぼり出せなくなるのでかならず室温で冷ますのがコツだよ。

3 しぼり出し袋に入れる

しぼり出し袋に星型の口金をセットし、コップなどに立てかけて、2 を入れる。

4 チョコをしぼり出す

まな板の上にオーブンシートをしき、その上にチョコをしぼり出す。

5 かざりつける

チョコレートの表面がかわかないうちに、アラザンやトッピングシュガーなどをピンセットや竹ぐし2本を使ってのせ、かざりつける。

6 冷やしかためる

チョコをまな板にのせたまま、冷蔵庫で2時間ほど冷やしかためる。ホワイトチョコでも同じようにつくる。

レベル
ふつう！
★★☆
製作時間 45分

本命のカレにはこれで勝負！

生チョコトリュフ

ほろ苦ブラックと
甘～いホワイトの2色♥

パート3 ラブリー ♥ チョコレート

材料

（各約12個分）

ブラック生チョコトリュフ

- [ ] チョコレート　　　　100g
- [ ] 生クリーム　　　　　50ml
- [ ] ココアパウダー　　100gくらい

ホワイト生チョコトリュフ

- [ ] ホワイトチョコレート　100g
- [ ] 生クリーム　　　　　50ml
- [ ] 粉糖　　　　　　100gくらい

必要な道具

- [ ] まな板
- [ ] 包丁
- [ ] ボウル
- [ ] 片手鍋
- [ ] 泡だて器
- [ ] ゴムべら
- [ ] バット
- [ ] オーブンシート
- [ ] 茶こし
- [ ] 直径1cmの丸型の口金
- [ ] しぼり出し袋

パティシエのコツ！
ブラック生チョコトリュフの材料を2倍にしてつくって、仕上げるときに半分ずつココアと粉糖をつけるのもかんたんでおすすめだよ。

大人っぽいチョコスイーツがつくれるなんてワクワク！

パティシエのコツ！
しぼり出し袋と口金がなければ、しっかりとした厚めのポリ袋でもだいじょうぶだよ。

つくり方

ブラック生チョコトリュフ

1 チョコをきざむ

チョコレートを包丁で細かくきざみ、ボウルに入れる。

2 生クリームをあたためる

鍋に生クリームを入れて中火にかけ、沸とう直前に火を止める。

パティシエのコツ！
小さな泡が出てきたらすぐに火を止めてね。沸とうさせると成分が分離しちゃうから気をつけてね。

4 チョコを冷ます

このくらいだよ

完全にチョコレートがとけたら、そのまま冷ます。ときどきゴムべらでまぜ、もったりとしたかたさになるまで冷ます。

3 チョコに生クリームを加える

きざんだチョコレートに生クリームを加え、泡だて器でよくまぜてとかす。

★ パティシエノート ★
生クリームを入れるとなめらかチョコレートに
チョコレートに生クリームを加えてまぜると、口どけのよいなめらかな食感になるよ。スーパーなどで売っているふつうの板チョコでつくっても、本格的な味になるからおすすめだよ！

5 しぼり出し袋に入れる

しぼり出し袋に丸型の口金をセットし、チョコレートを入れる。

パティシエのコツ！
しぼり出し袋の使い方は255ページで確認してね。しぼり出し袋がなければポリ袋に入れて、袋の角をはさみで切ればOKだよ。

パート3 ラブリー チョコレート

6 チョコをしぼり出す

バットを裏返して、上にオーブンシートをのせる。角にチョコレートを少しつけて、はりつける（127ページを見てね）。5のチョコレートを直径3cmくらいの大きさにしぼり出し、しばらくおく。

7 ココアパウダーをふるう

ココアパウダーを茶こしでふるい、バットに入れる。

8 チョコを丸め、ココアパウダーをつける

6のチョコレートが手でさわってもくずれないかたさになったら、両手で丸めて7のバットに入れる。バットをゆらしてチョコレートをころがしながら、ココアパウダーをつける。

チョコレートがベタベタ手について、きれいに丸まらないです。

パティシエのコツ！

しぼり出したあと、かたまるまで少しおいておくのがポイントだよ。手があたたかい人は、チョコレートがとけやすいから水でぬらしたタオルで手を冷たくしながら作業するといいよ。

ホワイト生チョコトリュフ

つくり方 1〜8 と同じようにして、ホワイトチョコレートを使ってつくる。ココアパウダーのかわりに、粉糖をまわりにつければできあがり。

レベル
かんたん！
★★★
製作時間 45分

好きな大きさに切って配ろう！

チョコスティック

カリッ♪サクッ♪ふわっ

3つの食感が楽しい☆

パート3 ✦ ラブリー ♥ チョコレート

材料

（20cm×20cmの角型1つ分）

- [ ] チョコレート　　　　　　　300g
- [ ] バター　　　　　　　　　　120g
- [ ] アーモンドダイス　　　　　50g
  （細かくきざんであるアーモンド）
- [ ] コーンフレーク　　　　　　40g
- [ ] マシュマロ　　　　　　　　50g

必要な道具

- [ ] フライパン　　- [ ] 木べら　　- [ ] 包丁

- [ ] まな板　　- [ ] ボウル（2）

- [ ] ゴムべら　　- [ ] オーブンシート

- [ ] 20×20cmの角型　　- [ ] バット

パティシエのコツ！

20cm×20cmの角型がなくても同じくらいの大きさのきれいな箱でもだいじょうぶだよ。

つくりはじめる前に

型よりもひとまわり大きいオーブンシートを用意し、角のところをはさみで切る。

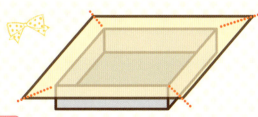

切ったところを重ねあわせるようにして、型にきっちりなじませる。

つくり方

1 アーモンドを炒める

油はひかずに炒めてね
いい香りがしてくるよ

フライパンにアーモンドを入れて中火にかけ、木べらで動かしながら5分ほど、きつね色になるまで炒める。

2 マシュマロを切る

マシュマロは1cm角くらいの大きさに切る。

3 チョコレートをきざむ

チョコレートを包丁で細かくきざみ、ボウルに入れる。

4 チョコとバターをとかす

50度の湯（つくる方法は126ページ）

3 のボウルにバターを入れ、ボウルの底を50度くらいの湯にあてて、ゆっくりとかす。

5 アーモンドなどをまぜる

チョコレートとバターが完全にとけたら、アーモンド、マシュマロ、コーンフレークを加え、ゴムべらでまぜる。

パート3 ラブリー ♥ チョコレート

6 型に入れる

オーブンシートをしいた型に、6のチョコレートを流し入れる。

7 表面をたいらにする

ゴムべらで、チョコレートの表面をたいらにし、冷蔵庫で約1時間冷やしかためる。

8 切り分ける

オーブンシートごと型から取り出し、好きな大きさに包丁で切る。

パティシエのコツ！
冷蔵庫から出したてだとかたいので、お部屋に少しおいておくといいよ。
または、包丁の刃を熱湯であたため、水けをふいて使うと切りやすいよ。

プチ ♥ アレンジ

チョコの色をかえてみよう

●ホワイトチョコスティック
材料のチョコレートをホワイトチョコにかえてつくってもいいよ。

●ストロベリーチョコスティック
材料のチョコレートをストロベリーチョコにかえるとラブリーになるよ。

●抹茶チョコスティック
最近では抹茶チョコも売られているよ。抹茶チョコでつくれば和風味になるね。

パート3 ラブリー♥チョコレート

材料

（約18cm×8cmのパウンド型1つ分）

- チョコレート　　　150g
- バター　　　　　　50g
- 生クリーム　　　150ml
- 卵　　　　　　　　1個
- 砂糖　　　　　　50g
- 薄力粉　　　　大さじ2

必要な道具

- 包丁
- ボウル（2）
- 泡だて器
- ゴムべら
- 茶こし
- パウンドケーキ型
- オーブンシート
- オーブン
- オーブンミトン

つくりはじめる前に

- パウンド型にオーブンシートをしいておく。
- 生クリームは冷蔵庫から出しておく。

つくり方

1 チョコをきざむ

チョコレートを包丁で細かくきざむ。

2 バターとともにとかす

ボウルに1のチョコレートとバターを入れ、ボウルの底を湯にあてて、ゴムべらでまぜながらとかす。

パティシエのコツ！
小さめのフライパンに半分の深さぐらいの湯を沸かして、火からおろし、その湯にボウルの底をつけるといいよ。

3 卵と砂糖をまぜる

別のボウルに卵と砂糖を入れ、砂糖がとけるまで泡だて器でまぜる。

4 チョコと生クリームをまぜる

↓

2に生クリームを2〜3回に分けて加え、そのつど泡だて器でまぜあわせる。

5 卵液を加えてまぜる

↓

3の卵液を少しずつ加え、そのつど泡だて器でまぜあわせる。

パティシエのコツ！

卵液は一度に加えるとうまくまざらないよ。少しずつ加えてそのたびに泡だて器でまぜてね。

パート3 ラブリー チョコレート

6 薄力粉を加えてまぜる

薄力粉を茶こしでふるって加え、粉っぽさがなくなるまでゴムべらでまぜあわせる。

オーブンを180度にあたためはじめる。

7 型に流し入れる

準備しておいた型に、6を流し入れる。

8 オーブンで焼く

180度のオーブンで約50分焼く。焼き上がったらオーブンから取り出し、型のまま冷ます。冷めてから型からはずす。

やけどに注意！
オーブンから取り出すときは、とても熱いので、かならずオーブンミトンをつけて作業してね。

パティシエのコツ！
濃厚なケーキだから食べやすい厚さに切って1切れずつつつんでプレゼントするのもいいよ！

甘さひかえめケーキも人気

チョコレート ブラウニー

レベル
ふつう！
★★☆
製作時間 60分

生クリームをつけたり

パフェにして食べてもGOOD！

パート3 ラブリー♥チョコレート

材料

（20×20cmの角型1つ分）

- [ ] チョコレート　　210g
- [ ] 薄力粉　　　　 120g
- [ ] バター　　　　 120g
- [ ] 砂糖　　　　　 90g
- [ ] 卵　　　　　　 3個
- [ ] くるみ　　　　 70g

型にぬる用

- [ ] バター　　　　 少々
- [ ] 薄力粉　　　　 少々

必要な道具

- [ ] 20×20cmの角型
- [ ] 粉ふるい
- [ ] フライパン
- [ ] 木べら
- [ ] バット
- [ ] まな板
- [ ] 包丁
- [ ] ゴムべら
- [ ] ボウル(2)
- [ ] 泡だて器
- [ ] オーブン
- [ ] オーブンミトン
- [ ] オーブンシート
- [ ] 竹ぐし

パティシエのコツ！
ケーキ型は角型でなくても直径18〜20cmの丸型でもOKだよ。

つくりはじめる前に

型全体にバターをうすくぬったあと、薄力粉をひとつかみくらい入れ、型をゆすりながら全体にうすくつけ、よぶんな粉は取りのぞく。

つくり方

1 薄力粉をふるう

作業する台(テーブルなど)にオーブンシートなどをしいて、粉ふるいで薄力粉をふるっておく。

2 くるみを炒める

油はひかずに炒めてね
いい香りがしてくるよ

フライパンにくるみを入れて弱火にかけ、木べらで動かしながら7～8分ほど炒め、バットなどに取り出し、冷ましておく。

3 くるみをきざむ

くるみが冷めたら、まな板に取り出し、包丁で細かくきざむ。

4 チョコをきざむ

チョコレートを包丁で細かくきざみ、ボウルに入れる。

5 チョコとバターをとかす

50度の湯(つくる方法は126ページ)

のボウルにバターを入れ、ボウルの底を50度くらいの湯にあてて、ゆっくりとかし、ゴムべらでよくまぜる。

6 卵と砂糖をまぜる

別のボウルに砂糖と卵を入れ、泡だて器でよくまぜる。

パート3 ✦ ラブリー ♥ チョコレート

7 チョコを加える

6のボウルに、とかした5のチョコレートを加えてまぜる。

8 薄力粉を加える

チョコレートがきれいにまざったら、ふるっておいた1の薄力粉を加え、ゴムべらでしっかりまぜあわせる。

オーブンを180度にあたためはじめる。

9 くるみを加える

薄力粉がまざったら、3のくるみを加え、まぜる。

10 生地を流し入れる

準備しておいた型に、9の生地を流し入れ、ゴムべらでたいらにする。

11 オーブンで焼く

180度のオーブンで25〜30分焼く。竹ぐしをさしてみて、生地がついてこなければ焼き上がり。

やけどに注意！
オーブンから取り出すときは、とても熱いので、かならずオーブンミトンをつけて作業してね。

パティシエのコツ！
焼き上がったら、型のままよーく冷ましてからケーキを取り出して好きな大きさに切ってね。

レベル
かんたん！
★★★
製作時間 30分

ぷるぷるのムースのヒミツは
アイスクリーム！

チョコアイスでつくるムースが絶品！

チョコムース タルト

▶つくり方 156ページ

パート3 ✦ ラブリー ♥ チョコレート

レベル
かんたん！
★ ☆ ☆
製作時間 40分

＼サクッとかじるとチョコの実が！／

ハートの チョコパイ

▶つくり方 158 ページ

冷凍パイシートと板チョコで かんたんにつくれるよ！

 チョコムースタルト

材料

（直径6〜7cmのタルトレット　10個分）

- [ ] タルトレット（市販品）　10個

ムース
- [ ] チョコレート味のアイスクリーム　180g
- [ ] 牛乳　100ml
- [ ] 粉ゼラチン　5g
- [ ] 水　50ml

かざり
- [ ] 生クリーム　100ml
- [ ] 砂糖　大さじ1
- [ ] アラザン　適量

必要な道具

- [ ] 小さい器（ゼラチンをふやかす用）
- [ ] ボウル

- [ ] 片手鍋
- [ ] ゴムべら

- [ ] スプーン

つくり方

1 ゼラチンをふやかす

小さなボウルにゼラチンを入れ、材料の水を加えてしばらくおいてふやかす。

2 牛乳にゼラチンをとかす

鍋に牛乳を入れて中火にかけ、あたたまってきたら1を加え、ゴムべらでまぜながらゼラチンをとかす。ゼラチンがとけたら火を止め、あら熱をとる。

パート3 ラブリー チョコレート

3 アイスに牛乳をまぜる

ボウルにアイスを入れてゴムべらで少しほぐし、2をそそぎ入れ、ゴムべらで手早くまぜあわせる。

パティシエのコツ！

まぜているあいだにとろりとしてくるよ。

4 タルトに入れる

3がかたまってきたら、タルトレットにスプーンを使ってそそぎ入れる。冷蔵庫で1時間ほど冷やす。

5 かざりつける

ボウルに生クリームと砂糖を入れ、ツノがたつくらいまで泡だてる。しぼり出し袋に入れ、4の上にしぼり出す。アラザンをかざる。

ハートのチョコパイ

材料

（7×7cmのハート型約6個分）

冷凍パイシート（18×10cm）	4枚（約300g）
チョコレート	6かけ
卵	1個

つくりはじめる前に

冷凍パイシートは冷凍庫から出して型でぬけるくらいに解凍しておく。

必要な道具

☐ ハート型　　☐ ボウル　　☐ はけ

☐ フォーク　　☐ オーブン　　☐ 天板

☐ オーブンシート　　☐ オーブンミトン

つくり方

パイシートを型でぬく

パイシートをハート型でぬき、2枚で1セットにする。12枚6セット用意する。

卵をぬる

ボウルに卵をといて、1でぬいた1枚にはけでぬる。

パート3 ラブリー チョコレート

3 チョコをはさむ

まん中にチョコレートを1かけおき、もう1枚のパイ生地をかぶせる。ふちにフォークをあて、ギュッとおさえる。

パティシエのコツ！
下のパイ生地にフォークのあとがつくまでおさえてね。

オーブンを200度にあたためはじめる。

4 表面に穴をあける

表面に❷の卵をぬり、フォークで穴をあける。残りも同じようにつくる。

パティシエのコツ！
パイ生地がふくらんだときに熱がこもって破裂しないように空気が出る穴をあけておこうね！

5 オーブンで焼く

オーブンシートをしいた天板に❹のパイをならべ、200度のオーブンで20分ほど、きつね色になるまで焼く。

やけどに注意！
オーブンから取り出すときは、とても熱いので、かならずオーブンミトンをつけて作業してね。

レベル
がんばれ！
★★★
製作時間 90分

チョコレートケーキの定番といえばコレ

ガトーショコラ

おいしくて感動

とっておきのケーキだよ♥

パート3 ✦ ラブリー ♥ チョコレート

材料

（直径18cmの丸型1つ分）

A	□ 薄力粉	20g
	□ ココア	50g
□ チョコレート		75g
□ バター		60g
□ 生クリーム		50ml
□ 砂糖		120g
□ 卵		3個
□ 粉糖		適量

必要な道具

□ ボウル（3） □ ゴムべら □ 泡だて器

□ 茶こし □ 粉ふるい □ 直径18cmの丸型

□ 電動泡だて器 □ オーブン

□ オーブンの天板 □ オーブンミトン □ オーブンシート

つくりはじめる前に

- チョコレートが大きなかたまりなら、包丁で細かくきざんでおく。
- かざりつけ用のハートの型紙をつくる（右の写真を見てね）。
- 直径18cmの丸型にバターをうすくぬり、底と側面にオーブンシートをしく。

5cm
持ち手をつけておくのがポイントだよ

オーブンシートを型の底にあわせて丸く切る。　オーブンシートを型の高さにあわせて細長く切る。

パティシエのコツ！
バターをのりがわりにするとオーブンシートと型がくっつくよ。

つくり方

1 チョコとバターをとかす

ボウルにチョコレートとバターを入れ、ボウルの底を50度くらいの湯（➡126ページ）にあてて、ゴムべらでまぜながらとかす。

2 生クリームを加える

1のボウルに生クリームを加え、ゴムべらでまぜる。

3 卵黄と卵白に分ける

材料の卵3個は、卵黄と卵白に分ける。

パティシエのコツ！

それぞれ別に使うから
ここで分けてね。

4 卵黄と砂糖をあわせる

別のボウルに卵黄をといて、砂糖の半量を入れ、泡だて器でもったりとするまでまぜる。

5 チョコと卵黄をあわせる

4のボウルに、2を加えてまぜあわせる。

6 ココアと薄力粉を加える

5のボウルに、ココアと薄力粉をあわせて粉ふるいでふるって入れ、ゴムべらでまぜあわせる。

7 卵白を泡だてる

別のボウルに卵白と残りの砂糖を入れ、電動泡だて器でしっかりツノがたつまで泡だてる。

パート3 ✦ ラブリー ♡ チョコレート

8 卵白を3分の1量加える

6のボウルに、泡だてた7の3分の1量を加えてまぜ、全体をなじませる。

パティシエのコツ！
泡だてた卵白は一度に加えずに、まずは3分の1量を加えてね。

9 残りの卵白を加える

残りの7も加え、泡がつぶれないようにさっくりとまぜあわせる。

オーブンを160度にあためはじめる。

10 型に流し入れる

オーブンシートをしいた型に9を流し入れ、型を軽く持ち上げてトントンと下に落として空気をぬき、生地をたいらにする。

11 焼く

160度のオーブンで45〜50分焼く。

やけどに注意！
オーブンから取り出すときは、とても熱いので、かならずオーブンミトンをつけて作業してね。

12 粉糖をふる

焼き上がったら少し冷まして型から取り出し、よく冷ましてから、ケーキの表面に用意しておいたハート形の型紙をのせ、上から茶こしで粉糖を全体にふりかける。型紙をそっと取れば、できあがり。

ハート以外の柄でもいいね。

プレゼントするときに、かわいくおめかし☆

ラッピングアイデア

手づくりしたお菓子を、かわいくラッピングしてプレゼントしよう。
100円ショップなどで手に入る材料を使って、
かんたんで、ちょっと差がつくアイデアを紹介するよ！

アレンジ 1
シースルーラッピング

アルファベットチョコや型ぬきクッキーなど、形やもように種類があるときは、とうめいな袋に入れて中身が見えるようにするといいよ。袋の大きさに合わせてワックスペーパーを切って入れたり、袋の口をカラフルなワイヤータイでとめると、とうめいな袋でもかわいくなるよ。

パティシエのコツ！

形がくずれやすいお菓子を入れるときは、とうめいな袋に厚紙を入れるといいよ！

パート3 ラブリー チョコレート

アレンジ 2 キャンディづつみ

チョコバーのようなシンプルなお菓子は、セロハン紙でキャンディづつみにして、好きなシールをはってかわいくかざろう！

つつみ方

① お菓子より、ひとまわり大きいセロハン紙を用意する。

② お菓子をセロハン紙でつつみ、両側をねじる。

③ ねじった上にワイヤータイを巻き、さらにねじってとめる。

アレンジ 3 カップバッグ

紙コップは小さなお菓子を入れやすいよ。おしゃれな柄のものがたくさん売られているので、センスで選ぼう。紙コップごと袋に入れてラッピングしたり、すぐに食べるなら紙コップの口をたいらにあわせて、まん中に穴をあけてワイヤータイをとおして渡してもいいね。

アレンジ 4
ピラミッドラッピング

マチのない（厚みのない）紙袋も、口のとじ方で立体的な三角形になり、かわいらしさがアップするよ。

つつみ方

1 袋の口をたてにひらき、お菓子を入れる。

2 折り目と折り目をあわせるようにして口をとじ、三角形をつくる。

3 袋の口を1回おり、リボンが左側に8cmくらい出るようにおいて、さらに2回ほどおって巻きこむ。

4 右側のリボンをうしろ側からまわして左側に重ね、折った部分をテープでとめる。

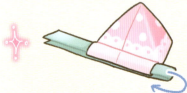

5 リボンをむすんで、よぶんな長さを切って完成！

アレンジ 5 くじゃくリボン

マチつきの袋とリボンだけでできるよ。くじゃくの羽のようでゴージャス感たっぷり！

つつみ方

1. マチつきの袋をひらき、お菓子を入れる。
2. 口をとじ、1cm幅に折ったら、今度は反対側に1cm幅に折る。
3. 交互におるのをくり返し、ひだをつくる。
4. リボンをたてにまわしかけ、ひだをとめるようにチョウむすびにする。

ラッピングを盛り上げる♪ 手づくりアイテム

モールでつくる アクセサリー

LOVEやハートや星の形をモールでつくって、お菓子にそえよう。モールはワイヤーが入っているので、袋の口をとじるのにも使えるよ。

マスキングテープで ラブリーな旗

つまようじを軸にして、マスキングテープをはりあわせるだけで、かわいらしい小さな旗ができるよ。お菓子にさすだけで、かわいさアップ！

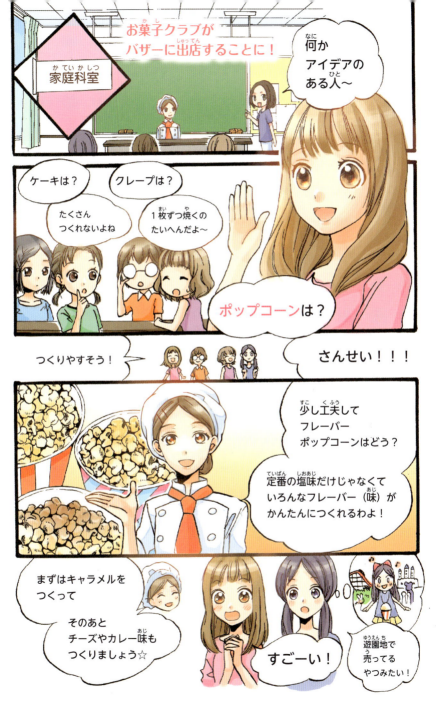

キャラメルポップコーン

🌸材料 2〜3人分

- キャラメル　　　　50g
- 牛乳　　　　大さじ1と1/3
- 市販の
  ポップコーンの素　1パック

🌸必要な道具

- 耐熱ボウル
- 電子レンジ
- ゴムべら
- バット（またはお皿）
- オーブンシート

・つくり方・

1 耐熱ボウルにキャラメルと牛乳を入れ、ラップをかけずに電子レンジ（600w）で1分加熱する。

2 ①をゴムべらでよくまぜて、ふたたびレンジで30秒加熱する。

3 ポップコーンの素を、表示通りに火にかけ、ポップコーンをつくる。アツアツのうちに②のボウルに加えてゴムべらでまぜる。

4 バットにオーブンシートをしいて、③を全体に広げて冷ます。

完成

アレンジもかんたんよ！

チーズポップコーン
アツアツのポップコーンをボウルに入れて粉チーズをかけてまぜるよ★

シナモンシュガーポップコーン
粉チーズをシナモンとグラニュー糖にかえてね。

カレーポップコーン
粉チーズをカレー粉にかえるだけ！

ホイップクリームやフルーツで
トロピカルにかざりつけ!

レベル
かんたん!
★☆☆
製作時間 40分

＼ 生地にマヨネーズを加えるとフワフワに ／

ハワイ風パンケーキ

パート4 ❀ 大好き♪ **おやつ**

材料

（6〜7枚分・2人分）

- [ ] ホットケーキミックス　150g
- [ ] 牛乳　100ml
- [ ] 卵　1個
- [ ] マヨネーズ　大さじ2
- [ ] 生クリーム　70ml
- [ ] 砂糖　10g
- [ ] バナナ　1/2本
- [ ] キウイフルーツ　1/2個
- [ ] ブルーベリー　2粒

必要な道具

- [ ] ボウル
- [ ] 泡だて器
- [ ] フライパン
- [ ] 玉じゃくし
- [ ] しぼり出し袋
- [ ] 星型の口金
- [ ] まな板
- [ ] ふきん

つくりはじめる前に

バナナとキウイフルーツは
うす切りにしておく。

パティシエのコツ！

生地にマヨネーズを加えると
マヨネーズにふくまれている
油分のおかげで生地がふんわりと
仕上がるのよ！

つくり方

1　牛乳、卵、マヨネーズをまぜる

ボウルに牛乳、卵、マヨネーズを入れて泡だて器でよくまぜる。

2 ホットケーキミックスを加える

ホットケーキミックスも加え、泡だて器でまぜる。

パティシエのコツ！

よくあたためたフライパンをいったんぬれぶきんの上におくと、フライパンの底全体が同じ温度になって、焼きムラができにくくなるのよ。このテクニックはクレープを焼くときにもおすすめだよ。

3 フライパンをあたためぬれぶきんの上におく

フライパンを弱火にかけてよくあたためたら、一度ぬれたふきんの上において、フライパンの底の熱を均等にする。

4 生地を流し入れる

フライパンを弱火にかけ、玉じゃくしで2の生地をすくい、まん中に直径12〜13cmくらいの円形になるように流し入れる。

少し上のほうから生地を流し入れるときれいな円に広がるんだって！

パート4 ✲ 大好き♪ おやつ

5 生地を焼く

ごく弱火で1〜2分焼いて表面にぷつぷつと気泡が出てきたら、フライ返しで裏返し、裏面も1〜2分焼いて取り出す。

パティシエのコツ！
ぷつぷつと気泡が出てきたら裏返す合図！
じっくり弱火で焼くときれいなきつね色になるよ。

6 くり返し、焼く

生地がなくなるまで、3〜5をくり返し、パンケーキを焼く。

7 生クリームを泡だてる

ボウルに生クリームと砂糖を入れ、泡だて器でツノがたつくらいまで泡だてる。星型の口金をつけたしぼり出し袋に入れる。

8 かざりつける

器にパンケーキを2〜3枚重ねて盛り、7のクリームをパンケーキのふちにしぼり出す。キウイフルーツ、バナナ、ブルーベリーなど、好みのフルーツをのせる。

プチ ♡ アレンジ

おしゃれに
いろんな味を楽しもう！

● バニラメープル
パンケーキにバニラアイスクリームをのせて、メープルシロップをかける。

● ストロベリーハニー
パンケーキにホイップクリームをしぼり、いちごジャムをのせて、はちみつをかける。

＼切れないようにうすーく焼いて／

レベル
かんたん！
★★★

製作時間 30分

生チョコバナナクレープ

いろんなものを巻いて食べると楽しいよ！

176

パート4 ✿ 大好き♪ おやつ

材料

（直径18cm 6〜7枚分）

クレープ

- [ ] ホットケーキミックス　70g
- [ ] 牛乳　120ml
- [ ] 卵　1個
- [ ] バター　20g
- [ ] サラダ油　少々

なかに入れるもの

- [ ] バナナ　1〜2本
- [ ] ホイップクリーム　200ml
- [ ] チョコレートソース　好きな量

必要な道具

- [ ] 耐熱容器
- [ ] ラップ
- [ ] ボウル

- [ ] 泡だて器
- [ ] フライパン
- [ ] 玉じゃくし

- [ ] まな板
- [ ] フライ返し
- [ ] ペーパータオル

パティシエのコツ！

ホイップクリームは、泡だてずに使える生クリームだよ。
生クリーム200mlに砂糖を20g加えて
ツノがたつくらいまで泡だてたものでもOKだよ。

つくり方

1 バターをとかす

バターは耐熱容器に入れ、ラップをかけて、電子レンジ（600W）で20秒ほど加熱して、とかしておく。

2 ホットケーキミックスに牛乳をまぜる

ボウルにホットケーキミックスを入れ、牛乳を少しずつ加え、泡だて器でまぜる。

3 卵を加えてまぜる

2のボウルに卵をわり入れ、泡だて器でよくまぜる。

4 バターを加える

とかしておいたバターも加え、よくまぜる。

5 フライパンに油をひく

フライパン全体にサラダ油をペーパータオルなどでうすくのばす。

6 クレープを焼く

フライパンを弱火で熱し、4のクレープ生地を玉じゃくしで1杯分、フライパンに流し入れ、フライパンを動かして全体にうすく広げる。

7 クレープを裏返す

弱火でしばらく焼き、ふちがカリッとしてきたら、フライ返しで裏返す。

パティシエのコツ！

ここではまだ火をつけなくてOKよ。
油をふいたペーパータオルは火が燃えうつらないように火からはなしておこうね。

8 裏面も焼く

裏面も30秒ほど弱火で焼いたら、フライパンをひっくり返し、まな板の上にクレープを取り出す。5〜8をくり返し、同じようにクレープを5〜6枚焼く。焼き上がったクレープは冷ましておく。

やけどに注意！
フライパンはとても熱くなっているので、うっかりさわらないように、気をつけて作業してね。

9 バナナを切る

バナナは皮をむき、ななめうす切りにする。

10 具をのせる

よく冷ましたクレープに、ホイップクリームをしぼり出し、バナナをのせ、チョコレートソースをかける。

11 クレープをたたむ

半分に折りたたみ、さらに両端を折って重ねる。

クレープアレンジ

クレープ（176〜179ページ）でつつむ具をかえて楽しもう。
いろいろな具を用意してクレープパーティーをするのもおすすめだよ！

食事クレープにするなら♪

ツナ&チーズ

クレープに、レタスの葉1枚、スライスチーズ1枚、ツナ大さじ1をのせて巻く。

ハム&エッグ

クレープに、ハム1枚、ゆで卵1/4個、かいわれ少々をのせて巻く。

デザートクレープにするなら♪

ブルーベリーチーズ

クレープに、クリームチーズ大さじ2をぬり、ブルーベリージャム大さじ1をのせて巻く。

ピーチバニラ

クレープに、バニラアイス大さじ2、缶詰の白桃半割をうすく切ってのせ、巻く。

パティシエのコツ！

フルーツやクリームチーズは食事クレープにもデザートクレープにもおすすめだよ。どんな具を用意しようかみんなで相談するのも楽しいよ！

プレーン スコーン

サクサクとした食感
ミルクや紅茶と相性バツグン！

レベル ふつう！ ★★☆
製作時間 60分

甘さひかえめで、パンのかわりにもおすすめ！

パート4 ✳ 大好き♪ おやつ

材料

（直径6cmの丸型6個分）

- ☐ 薄力粉　　　　　　　　200g
- ☐ ベーキングパウダー　　小さじ2
- ☐ バター　　　　　　　　70g
- ☐ 砂糖　　　　　　　　　20g
- A [☐ 牛乳　　　　　　　80ml
　　 ☐ 卵黄　　　　　　　1個
- ☐ 牛乳　　　　　　　　　適量

必要な道具

- ☐ 粉ふるい
- ☐ ボウル
- ☐ ゴムべら

- ☐ 泡だて器
- ☐ ラップ
- ☐ めん棒

- ☐ 直径6cmの丸型
- ☐ はけ
- ☐ オーブン

- ☐ オーブンシート
- ☐ オーブンの天板
- ☐ オーブンミトン

つくりはじめる前に

- バターは冷蔵庫から出して、手でさわるとグニャっとやわらかくなるくらいにしておく。
- 牛乳と卵黄をまぜあわせて、卵液をつくっておく。

つくり方

1 粉類をふるう

作業する台（テーブルなど）にオーブンシートなどをしいて、薄力粉とベーキングパウダーをあわせて粉ふるいでふるう。

2 バターと砂糖をまぜる

ボウルにバターを入れ、ゴムべらでつぶしながらなめらかにしたら、砂糖を加えてまぜあわせる。

3 粉類をまぜる

2のボウルに、ふるっておいた粉類を加え、ゴムべらでまぜる。

パティシエのコツ！
粉チーズのようなそぼろ状になるまでまぜてね！

4 卵液を加える

粉チーズのようなそぼろ状になるまでまぜたら、まん中にくぼみをつくり、まぜあわせておいた卵液を加える。

5 粉類と卵液をまぜる

手で粉のかべをくずすようにしながら、卵液とまぜあわせる。

パティシエのコツ！
手で粉をつぶすようにしながら卵液をなじませると粉っぽさがなくなってくるよ。

6 生地をラップでつつむ

粉っぽさがなくなってきたら、手でひとつにまとめ、ラップでつつんで冷蔵庫で2時間以上冷やす。

パート4 ✳ 大好き♪ おやつ

7 生地をのばす

作業する台（テーブルなど）に薄力粉を少々（分量外）ふり、冷蔵庫から生地を取り出しておき、手で軽くこねてやわらかくする。さらにめん棒で、厚さ1.5cmほどにのばす。

パティシエのコツ！

薄力粉をふるうのは作業する台に生地がくっつかないようにするためだよ。もし強力粉があればよりくっつきにくいよ。

オーブンを180度にあたためはじめる。

8 丸型でぬく

丸型で生地をぬき、オーブンシートをしいた天板に、あいだをあけてならべる。型でぬいたあと残った生地はもう一度軽くこねて、同じようにめん棒でのばして型でぬく。

9 牛乳をぬる

生地の表面に、はけで牛乳をうすくぬる。

10 オーブンで焼く

180度のオーブンで20〜25分、うすいきつね色になるまで焼く。

やけどに注意！

オーブンから取り出すときは、とても熱いので、かならずオーブンミトンをつけて作業してね。

スコーンアレンジ

プレーンスコーン（182～185ページ）の材料を、少しだけかえてつくった3種類のスコーンを紹介するよ。好みの味が見つかるかな？

あんこや生クリームをのせてもいいね
きなこのスコーン

材料（直径6cmの丸型6個分）

- □ 薄力粉 …………………… 150g
- □ ベーキングパウダー …… 小さじ2
- □ きな粉 …………………… 50g
- □ バター …………………… 70g
- □ 砂糖 ……………………… 40g
- A
  - □ 卵黄 …………………… 1個
  - □ 牛乳 …………………… 70ml
- □ 牛乳 ……………………… 適量

つくり方

183～185のつくり方とほとんど同じ。つくり方 1 で薄力粉、ベーキングパウダーとともにきな粉もあわせてふるう。あとは 2 ～ 10 まで同じ。

チーズ入りスコーン

チーズの香りがこうばしい！

材料（直径6cmの丸型6個分）
- [ ] 薄力粉 …………… 200g
- [ ] ベーキングパウダー … 小さじ2
- [ ] 粉チーズ …………… 20g
- [ ] バター ……………… 70g
- [ ] 砂糖 ………………… 20g
- A [
  - [ ] 卵黄 ……………… 1個
  - [ ] 牛乳 ……………… 70ml
- [ ] 牛乳 ………………… 適量

つくり方 183〜185のつくり方とほとんど同じ。1〜2は同じで、つくり方3で粉チーズを加えてまぜる。あとは4〜10まで同じ。

メープルスコーン

ほんのり甘くておいしい！

材料（直径6cmの丸型6個分）
- [ ] 薄力粉 …………… 200g
- [ ] ベーキングパウダー … 小さじ2
- [ ] バター ……………… 70g
- [ ] 砂糖 ………………… 20g
- A [
  - [ ] 卵黄 ……………… 1個
  - [ ] 牛乳 ……………… 40ml
  - [ ] メープルシロップ … 40ml
- [ ] 牛乳 ………………… 適量

つくり方 183〜185のつくり方とほとんど同じ。つくりはじめる前に、卵黄、牛乳とともにメープルシロップもまぜあわせておく。あとは1〜10まで同じ。

＼もっちりのヒミツは白玉粉！／

揚げない もっちりドーナッツ

小さなボールをつくって

リング状につなげて焼くだけ！

材料

(6〜7個分)

- [ ] ホットケーキミックス　150g
- [ ] 白玉粉　80g
- [ ] 牛乳　80ml
- [ ] 卵　1個
- [ ] はちみつ　大さじ1

つくりはじめる前に

- 卵は小さいボウルにときほぐしておく。
- オーブンの天板にオーブンシートをしいておく。

必要な道具

- [ ] ボウル

- [ ] 小さいボウル（卵をとく用）

- [ ] ゴムべら

- [ ] 泡だて器

- [ ] オーブン

- [ ] オーブンの天板
- [ ] オーブン
- [ ] オーブンミトン

つくり方

1 白玉粉と牛乳をまぜる

ボウルにゴムべらを押しつけるようにして牛乳をなじませよう

ボウルに白玉粉を入れ、牛乳を少しずつ加え、ゴムべらでまぜる。

2 手でこねる

牛乳が粉になじんできたら、手でつぶすようにしながら粉っぽさがなくなるまでこねる。

3 卵を加える

とき卵を少しずつ加え、ゴムべらでなじませるようにまぜる。

パティシエのコツ！
とき卵は少しずつまぜていくと右の写真のようななめらかな生地になるよ。

このくらいだよ

4 はちみつを加える

はちみつを加え、泡だて器でよくまぜる。

5 ホットケーキミックスをまぜる

ホットケーキミックスを加え、ゴムべらでさっくりとまぜる。

6 手でこねる

生地がまとまってきて、少しかたくなってきたら、粉っぽさがなくなるまで手でこねる。

オーブンを180度にあたためはじめる。

7 形をつくる

生地を直径2cmくらいの小さいボール状に丸め、オーブンシートをしいた天板にリング状になるようにならべる。

パティシエのコツ！

直径2cmくらいの小さいボールを7個組み合わせてリング状にしていくよ。

このとき、ボールどうしは軽くくっついていればOK。焼くと少しふくらんで、しっかりくっつくよ。

8 オーブンで焼く

180度のオーブンで、きつね色になるまで約15分焼く。

やけどに注意！
天板はとっても熱いので、かならずオーブンミトンをつけて作業してね。

レベル
かんたん！
★☆☆
製作時間 20分

友だちとワイワイ盛り上がるときのおともにいかが？

レンジでつくれる手軽なおやつ

カリカリラスク

パート4 ✲ 大好き♪ おやつ

材料

（約 20 枚分）
- □ バゲット 1/2 本（うす切り 20 枚）
- □ バター　　　　　　　　　　30g
- □ 砂糖　　　　　　　　　　　15g

必要な道具

- □ 包丁
- □ まな板
- □ 耐熱皿
- □ ボウル
- □ はけ
- □ 電子レンジ

つくり方

1 バゲットをうす切りにする

バゲットは包丁（あればパン切り包丁）で7〜8mm のうす切りにする。

パティシエのコツ！

パン屋さんにお願いして機械でうす切りにしてもらうのもおすすめだよ。

2 バターをとかす

ボウルにバターを入れ、ボウルの底を湯にあてて、バターをとかす。

パティシエのコツ！

小さめのフライパンに半分の深さぐらいの湯を沸かして、火からおろし、その湯にボウルの底をつけるといいよ。

193

砂糖をまぜる

とけたバターに砂糖を加え、砂糖がとけるまで泡だて器でまぜてバター液をつくる。

4 パンをレンジで加熱する

耐熱皿に **1** を広げ、ラップはかけずに電子レンジ（600W）で30秒加熱する。

裏返して、もう一度加熱する

一度取り出し、パンを裏返して、もう一度ラップはかけずにレンジ（600W）で20秒加熱する。

パティシエのコツ！

ラップをかけないのはパンの水分をとばしてカリカリにするためだよ。

パート4 ✴ 大好き♪ おやつ

バター液をぬる

3のバター液を、はけでパンの表面（片面でOK）にぬる。

再び、レンジで加熱する

もう一度、ラップをかけずにレンジ（600W）で30〜40秒加熱する。

プチ♡アレンジ

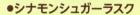
グラニュー糖をふりかけた
スイートラスク！

●シュガーラスク
バター液をぬって電子レンジで加熱したあと、表面がかわく前にグラニュー糖を少々ふりかければ甘いラスクになるよ。

●シナモンシュガーラスク
シュガーラスク同様、グラニュー糖にシナモンパウダーをまぜてふりかける。

●ココアシュガーラスク
シュガーラスク同様、グラニュー糖にココアパウダーをまぜてふりかける。

\ 昔ながらの人気のおやつ！／

大学いも

レベル
かんたん！
★☆☆
製作時間 30分

おいものおいしい季節に

絶対つくりたい！！

パート4 ✴ 大好き♪ おやつ

材料

(3人分)

- さつまいも　　　　300g
- A[砂糖　　　　大さじ3
-    水　　　　　大さじ2]
- しょうゆ　　　　小さじ1
- 黒いりごま　　　小さじ1

必要な道具

- 包丁
- まな板
- ボウル
- フライパン
- 耐熱皿
- ラップ
- 木べら
- 電子レンジ

つくり方

1 さつまいもを切る

さつまいもは水でしっかり洗い、皮つきのまま小さめのひと口大に切る。

パティシエのコツ！

包丁をななめに入れて切り
つぎに切るときに
さつまいもを少しまわして
またななめに切る
「らん切り」という
切り方にするときれいだよ。

2 さつまいもを水につける

ボウルに切ったさつまいもを入れ、10分ほど水につける。

パティシエのコツ！
さつまいもにふくまれている「でんぷん」は、ねばりが出るので、水につけて落としておくよ。こうしておくとシロップがきれいにからまるよ。

3 さつまいもをレンジで加熱する

耐熱皿に、さつまいもの水けをきって広げ、ラップをかけて電子レンジ（600W）で3分～3分30秒加熱する。5分ほどそのままおいて冷ます。

4 シロップをつくる

フライパンにAを入れて中火にかける。2～3分してふつふつと気泡が出て煮つまってきたら、しょうゆを加えて火を止める。

パティシエのコツ！
しょうゆはこげやすいので、加えたらすぐに火を止めてね！

5 さつまいもを加え、まぜる

さつまいも、黒ごまを加えて、木べらでまぜあわせる。

プチ♡アレンジ

まだまだあるよ！さつまいものスナック

さつまいもは、もともとほんのり甘みがあるので、油で揚げるだけでおいしいスナック菓子になるよ。油で揚げるときは、大人といっしょに作業してね。

さつまいもチップス

さつまいもをスライサーでうす切りにし、ぬるま湯につけてはざるに上げる、を4～5回くり返し、水けをふき取る。170度に熱した油でカラリと揚げ、油をきって、砂糖少々をまぶす。

さつまいもフライ

さつまいもはよく洗って皮つきのまま1cm角の棒状に切り、170度に熱した油でカラリと揚げる。油をきって、熱いうちに塩少々をふる。

家族みんなが大好きな和菓子

みたらしだんご

レベル ふつう！ ★★☆
製作時間 40分

甘〜いしょうゆのたれを
たっぷりからめてどうぞ

パート4 ✲ 大好き♪ おやつ

材料

(8くし分)

- [ ] 白玉粉　　　　　　　　　100g
- [ ] 上新粉　　　　　　　　　100g
- [ ] 水　　　　　　　　170〜180ml

A
- [ ] 砂糖　　　　　　　　　大さじ5
- [ ] しょうゆ　　　　　　　大さじ2
- [ ] 水　　　　　　　　　　　100ml
- [ ] 片栗粉　　　　　　　　大さじ1

必要な道具

- [ ] ボウル
- [ ] 片手鍋
- [ ] 木べら
- [ ] コップ
- [ ] 網じゃくし
- [ ] フライパン
- [ ] 竹ぐし
- [ ] トング
- [ ] ペーパータオル

つくり方

1 粉類と水をまぜる

ボウルに白玉粉と上新粉を入れ、水を少しずつ加えながら、手でまぜる。

2 ひとつにまとめる

粉っぽさがなくなってきたら、ひとつにまとめる。

パティシエのコツ！
指で押すとあとが残るぐらいが粉っぽさがなくなった合図だよ。

3 生地を丸める

2の生地を直径3cmくらいのボール状に丸める。

4 だんごをゆでる

鍋に水を入れて中火にかけ、沸とうしてきたら、3のだんごを入れる。だんごが浮き上がってきたら、そこから5〜6分ゆでる。

5 だんごを冷水にとる

だんごがゆであがったら、網じゃくしですくい上げ、氷水につける。

パティシエのコツ！
ゆであがっただんごを氷水につけると、キュッと引きしまり、つやが出てくるよ。

6 だんごをくしにさす

だんごの水けをペーパータオルなどでふいて、竹ぐしに3個ずつさす。

パート4 ✲ 大好き♪ おやつ

7 だんごを焼く

フライパンを中火で熱し、くしにさしただんごをならべる。焼き色がついたら、トングなどで裏返し、両面がきつね色になるまで焼く。

やけどに注意！

フライパンが熱くなっているので、だんごを裏返すときは、トングやさいばしなどをかならず使ってね。

8 たれをつくる

鍋にAの材料を入れて弱火にかけ、木べらでまぜる。すき通ってきたら火を止めて、少し冷ます。

9 だんごにたれをつける

コップに8のたれを入れ、だんごを入れてたれをからめる。

パティシエのコツ！

コップなどにたれを入れてそこにだんごをつけるようにするときれいにたれがからまるよ。

プチ♡アレンジ

いろんな味をつくっておいしさ2倍、3倍に！

● **あずきだんご**
白玉だんごに、ゆであずきをぬる。

● **ごまだんご**
すりごまと砂糖をまぜて好みの甘さにして、白玉だんごにまぶしつける。

● **青のりだんご**
しょうゆをはけでうすくぬり、青のりをまぶしつける。

むずかしそうに見えるけど
じつはとーってもかんたん★

レベル
かんたん！
★★★
製作時間 30分

甘ずっぱいいちごが、あんことよくあう！

いちご大福

材料

(8個分)

☐ 白玉粉	100g
☐ 砂糖	30g
☐ 水	150ml
☐ こしあん（市販品）	320g
☐ いちご	8個
☐ 片栗粉	適量

必要な道具

- ☐ 耐熱のボウル
- ☐ ゴムべら
- ☐ 茶こし
- ☐ カード
- ☐ 電子レンジ

つくりはじめる前に いちごのヘタをとっておく。

つくり方

1 いちごをあんこでつつむ

こしあんを8等分にし、いちごを1個ずつあんこでつつんで丸める。

パティシエのコツ！

いちごのかわりにキウイフルーツや黄桃（缶詰）などを入れてもおいしいよ。

2 白玉粉と砂糖に水をまぜる

耐熱ボウルに白玉粉と砂糖を入れ、水を少しずつ加えてゴムべらでまぜる。

パティシエのコツ！
このあと電子レンジで加熱するので、耐熱ボウルを使ってね。水は少しずつ加えて、そのつどまぜよう。

3 レンジで加熱する（1回目）

このくらいだよ

白玉粉と水がなめらかにまざったら、ラップをかけずに電子レンジ（600W）で1分30秒加熱する。

4 ゴムべらでまぜレンジで加熱（2回目）

いったんレンジから取り出し、ゴムべらで全体をまぜて熱をゆきわたらせる。もう一度ラップをかけずにレンジ（600W）で1分加熱する。

5 もう一度レンジで加熱（3回目）

レンジから取り出してゴムべらでまぜ、さらに40秒加熱する。

パティシエのコツ！
3回に分けて、電子レンジで加熱していくよ。加熱するたびにゴムべらでまぜて熱を全体にゆきわたらせてね。だんだんねばりが出ておもちのようになるよ。

パート4 ✲ 大好き♪ おやつ

6 生地を8等分にする

作業する台（まな板など）に片栗粉をふり、その上に **5** を取り出す。茶こしで上から片栗粉をふりかけ、カードで8等分に切り分ける。

7 いちご入りのあんこをつつむ

6 の生地を手のひらにたいらに広げ、**1** のあんこをのせる。左右、上下から生地をあわせ、あわせたところを指でつつむ。

おもちがのびるから、かんたんにつつめる〜。

ちょっと豆ちしき
どちらも米からつくられる白玉粉と上新粉

和菓子の材料に使われる白玉粉と上新粉は、どちらも米を原料にした粉です。粉にするときのつくり方にちがいがありますが、どちらもだんごやおもちの材料になります。白玉粉はなめらかな食感にしたいとき、上新粉はもっちりとした弾力のある食感にしたいときにと、使い分けます。

リメイクおやつ！アレンジ

できあがったお菓子をアレンジして、新しいお菓子をつくっちゃおう。
少しこげたり形がくずれたときにも使えるアイデアだよ！

甘さひかえめのスコーンをケーキにアレンジ
スコーンプチガトー

材料（2個分）

- シンプルスコーン（▶182ページ）……2個
- 生クリーム……100ml
- 砂糖……10g
- いちご……2粒
- キウイフルーツ（輪切り）……1枚
- ミントの葉（あれば）……適量

つくり方

1. ボウルに生クリームと砂糖を入れて、泡だて器でツノがたつくらいまで泡だてる。星型の口金をつけたしぼり出し袋に入れる。

2. スコーンは横半分に手で割り、1の生クリームをしぼり出す。

3. いちごとキウイフルーツは角切りにし、2にかざり、ミントの葉をのせる。

パティシエのコツ！

生クリームのかわりにアイスクリームをのせてもおいしいよ。カラーチョコスプレーやトッピングシュガー（67ページ）でかざりつけるのもいいね。

パート4 ✦ 大好き♪ おやつ

パンケーキがひと口サイズのお菓子に変身！
ロリポップケーキ

つくり方

1 チョコレートは包丁で細かくきざみ、ボウルに入れる。

2 小鍋に生クリームを入れて中火にかけ、沸とうしたら**1**のボウルに加え、泡だて器でまぜながら、チョコレートをとかす。

3 パンケーキは手で細かくちぎり、**2**に加えてまぜる。ひと口大のボール状に丸め、ココナッツパウダーやコーンフレークをまぶしつける。

4 細いストローやピックをさし、冷蔵庫で1時間ほど冷やしかためる。

パティシエのコツ！

パンケーキが少しこげてしまったときや、形がくずれてしまったときは、このケーキにアレンジするといいよ。

材料（6～7個分）

- □ パンケーキ（▶172ページ） ……… 100g
- □ チョコレート ……… 60g
- □ 生クリーム ……… 60ml
- □ ココナッツパウダー ……… 適量
- □ コーンフレーク ……… 適量

アフタヌーンティーを楽しもう♪
おいしい紅茶の入れ方

手づくりお菓子とおいしい紅茶で、リッチな気分を味わっちゃおう☆
いつもの紅茶でも、入れ方ひとつで、だんぜんおいしくなるよ！

ホットティーの入れ方

1 ティーポットやカップをあたためる

沸とうした湯を、ティーポットとカップの3分の1ぐらいの高さまでそそぐ。湯は紅茶を入れる量だけでなく、ティーポットやカップをあたためるぶんも考えて、たっぷり沸かしておこうね。

2 ティーポットに紅茶の葉を入れる

ティーポットの湯が全体にゆきわたるように、3〜5回ぐらいまわしたら、湯をすてる。紅茶の葉をティースプーンで入れる。2人分なら、ティースプーンに山盛り2杯がめやす。

3 湯をそそぐ

ティーポットに残った湯気で、紅茶の葉が少し蒸されるように、そのまま4〜5秒おいたあと、熱湯をそそぐ。湯の量は、紅茶の葉の量にあわせて入れてね。2人分なら400mlくらいがめやす。

4 ふたをしてむらす

ティーポットのふたをして、2〜3分おいて蒸らす。紅茶の葉がひらいて、味わいが出てくるのを待つ。蒸らす時間が長いと、しぶみが強くなるよ。

パート4 ✹ 大好き♪ おやつ

5 ひとまぜする

ポットのふたを取り、紅茶の濃さを同じにするために、ティースプーンなどで軽くひとまぜする。かきまぜすぎないように注意してね。

6 カップにそそぐ

あたためておいたカップの湯をすて、茶こしを使って紅茶をそそぐ。

アイスティーの入れ方

1
紅茶の入れ方を参考にして、やや濃いめの紅茶を入れる。2人分なら、紅茶の葉をティースプーン山盛り3〜4杯、熱湯を300mlぐらいがめやす。蒸らす時間は同じだよ。

2
グラスに氷を入るだけ入れ、氷の上から紅茶をそそぎ入れる。氷で一気に冷やせば、紅茶の香りやうまみがにげないよ。

ティーバッグでもおいしく！

1
カップに熱湯をそそいで、あらかじめあたためておく。

2
カップがあたたまったら湯をすてて、ティーバッグを入れる。熱湯をカップのふちから静かにそそぐ。

3
カップの受け皿などでふたをして、1分〜1分半蒸らす。

4
ティーバッグを取り出す。ティーバッグはスプーンで押したりするとしぶみが出るのでそっと取り出してね。

211

ティータイム★マナークイズ

紅茶を飲むときやケーキを食べるときの、マナーについてのクイズだよ。
クイズにこたえていくと、いつの間にかステキなレディーになれちゃうよ！

Q1 角砂糖を入れるときは？

- **A** カップに直接入れる
- **B** いったんティースプーンの上にのせてからしずめる

Q2 かきまぜ方で正しいのはどっち？

- **A** ぐるぐると輪を描くようにかきまぜる
- **B** 前後にゆらゆらと動かしてかきまぜる

Q3 ティースプーンはどこにおく？

- **A** カップのむこう側におく
- **B** カップの手前におく

こたえ

Q1 こたえはB。直接カップに角砂糖を入れると、ポチャンとなり、紅茶がはねてしまうから、ティースプーンの上にのせて、静かにしずめるようにすると、エレガントだよ。

Q2 こたえはB。かきまぜるときは、カチャカチャと音がしないように、前後にゆらすようにして静かにかきまぜようね。

Q3 こたえはA。使いおわったティースプーンは、飲むときにカップを上げ下げするのにじゃまにならないように、むこう側に上むきにおこうね。スプーンを使わなかったときも、飲む前にむこう側に移動させてね。

Q4 飲むときのカップの持ち方はどっちが正しい?

A 受け皿をおいたまま片手で飲む

B 受け皿をおいたまま右手にカップ左手をカップの底にそえて飲む

Q5 ケーキのまわりについているセロファンはどうする?

A 手で取る

B フォークで巻き取る

Q6 ケーキはどこから食べる?

A 上から順番に層をはがしながら食べる

B 三角の角、とがっているほうからフォークで切って食べる

こたえ

Q4 こたえはA。日本茶を飲むときは、器に左手をそえるのがマナーですが、カップのときはそえません。左手をそえると、中身がぬるいという失礼な表現になってしまうので注意してね。

Q5 こたえはBがいいね。ケーキのセロファンは、フォークで端をはさんで、クリームがついている面が内側になるように巻き取ってね。巻き取ったセロファンは、お皿のわきにおいて、フォークをぬき取って。どうしてもうまくできないときは、「手で取ってもいいですか?」とことわってから、すばやく取ろうね。

Q6 こたえはB。とがっているほうから、ひと口分ずつフォークで切って食べましょう。形が三角ではないときは、むかって左側から食べるといいよ。ショートケーキにのっているいちごは、好きなタイミングで食べてOKですが、いちばん最初に食べちゃうと、ケーキそのものの美しさがなくなるので、まん中あたりで食べるのがいいよ。

ミルクかき氷

🌸 材料 1〜2人分

- 牛乳　　200ml
- 練乳　　大さじ3
- 好みのフルーツ　適量

🌸 必要な道具

- ボウル
- ゴムべら
- 製氷皿
- かき氷器

・つくり方・

1 ボウルに牛乳と練乳を入れてゴムべらでよくまぜ、製氷皿に流し入れ、冷凍庫に2〜3時間入れてこおらせる。

牛乳＋練乳　　冷凍庫 2〜3時間

2 かき氷器で①の氷をけずりながら、器に入れる。好みのフルーツをのせる。

かき氷　　好みのフルーツ

こんなアレンジもオススメ！

オレンジジュースかき氷
＋
みかん
＋
キウイフルーツ

コーヒー牛乳かき氷
＋
チョコレートソース
＋
チョコウエハース
＋
チョコスプレー

いちご牛乳かき氷
＋
いちごジャム
＋
いちご

完成

材料

(150mlの容器3個分)

- みかん(缶詰)1缶(約400g)
- 水　250ml
- A ┌ 粉ゼラチン　10g
　　└ 水　大さじ3
- ミントの葉(あれば)

必要な道具

- □ 小さい器
- □ ざる
- □ ボウル
- □ 片手鍋
- □ ゴムべら
- □ 玉じゃくし

みかんゼリーのつくり方

1 ゼラチンをふやかす

小さい器にAの粉ゼラチンを入れ、Aの水をふり入れてしばらくおき、ふやかしておく。

2 みかんとシロップに分ける

ボウルの上にざるをおき、缶詰のみかんをあけて、みかんとシロップに分ける。

3 ゼリー液をつくる

鍋にシロップ200mlと材料の水を入れ中火にかける。湯気が出てきたら(50～60度くらいでOK)火を止め、ふやかしておいたゼラチンを加えてゴムべらでよくとかす。

4 ゼリー液を冷ます

3のゼリー液をボウルにうつし、ボウルの底を氷水にあててゴムべらでまぜながら、とろみがつくまで冷ます。

5 みかんを加え器に入れて冷やす

みかんを加えてまぜ、玉じゃくしで器に流し入れる。冷蔵庫で1時間以上冷やす。

パート5 ☆ しあわせ 💎 ひんやりデザート

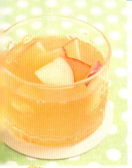

材料

（150mlの容器3個分）

- □ りんごジュース（果汁100％） 450ml
- □ りんご 1/4個
- □ レモン果汁 大さじ1
- □ はちみつ 大さじ2
- A ┌ □ 粉ゼラチン 10g
    └ □ 水 大さじ3

必要な道具

- □ 小さい器（2）
- □ 包丁　□ まな板
- □ 片手鍋
- □ ボウル
- □ ゴムべら
- □ 玉じゃくし

りんごゼリーのつくり方

1 ゼラチンをふやかす

小さい器にAの粉ゼラチンを入れ、Aの水をふり入れてしばらくおき、ふやかしておく。

2 りんごを切る

りんごは芯をのぞき、皮はむかずにひと口サイズのうす切りにする。

3 りんごにレモン汁をからめる

小さい器に薄切りにしたりんごを入れ、レモン汁をかけてよくからめる。

4 ゼリー液をつくる

鍋にりんごジュースを入れて中火にかける。湯気が出てきたら（50～60度くらいでOK）火を止め、ふやかしておいたゼラチン、はちみつを加えてゴムべらでよくとかす。

5 ゼリー液を冷ます

4のゼリー液をボウルにうつし、ボウルの底を氷水にあててゴムべらでまぜながら、とろみがつくまで冷ます。

6 りんごを加え器に入れて冷やす

3のりんごを加えてまぜ、玉じゃくしで器に流し入れる。冷蔵庫で1時間以上冷やす。

材料

（100mlの容器4個分）

- □ インスタントコーヒー　大さじ2
- □ 砂糖　大さじ4
- □ 牛乳　450ml
- A [□ 粉ゼラチン　10g
      □ 水　大さじ3]

必要な道具

- □ 小さい器
- □ 片手鍋
- □ ボウル
- □ ゴムべら
- □ 玉じゃくし

ミルクコーヒーゼリーのつくり方

1 ゼラチンをふやかす

小さい器にAの粉ゼラチンを入れ、Aの水をふり入れてしばらくおき、ふやかしておく。

2 牛乳にゼラチンをとかす

鍋に牛乳を入れて中火にかける。湯気が出てきたら（50〜60度くらいでOK）弱火にし、ふやかしておいたゼラチンを加えてゴムべらでよくとかす。

3 コーヒー、砂糖をまぜる

インスタントコーヒー、砂糖を加えてまぜる。しっかりとまざったら火を止める。

4 ゼリー液を冷ます

3のゼリー液をボウルにうつし、ボウルの底を氷水にあててゴムべらでまぜながら、とろみがつくまで冷ます。

5 器に入れて冷やす

玉じゃくしで器に流し入れる。冷蔵庫で1時間以上冷やす。

パート5 ☆ しあわせ ♦ ひんやりデザート

材料
（100mlの容器4個分）
- カルピス（原液） 150ml
- 水 300ml
- A ┌ 粉ゼラチン 10g
    └ 水 大さじ3

必要な道具
- □ 小さい器
- □ 片手鍋
- □ ボウル
- □ ゴムべら
- □ 玉じゃくし

カルピスゼリーのつくり方

1 ゼラチンをふやかす

小さい器にAの粉ゼラチンを入れ、Aの水をふり入れてしばらくおき、ふやかしておく。

2 カルピスにゼラチンをとかす

鍋にカルピスと材料の水を入れて中火にかける。湯気が出てきたら（50〜60度くらいでOK）火を止めて、ふやかしておいたゼラチンを加えてゴムべらでよくとかす。

3 ゼリー液を冷ます

2のゼリー液をボウルにうつし、ボウルの底を氷水にあててゴムべらでまぜながら、とろみがつくまで冷ます。

4 器に入れて冷やす

玉じゃくしで器に流し入れる。冷蔵庫で1時間以上冷やす。

いろんなジュースでつくってみちゃおう☆

レベル
かんたん！
★ ★ ★
製作時間 60分

好きなジュースでつくれちゃう！

フルーツグミ

キラキラぷるんのひと口グミは

まるで宝石★

パート5 ✦ しあわせ 💎 ひんやりデザート

材料

（製氷皿1皿 約20個）

- 果汁100％の好みのジュース
  （オレンジ・ぶどうなど） 70ml
- 砂糖 50g
- 粉ゼラチン 10g

※ 夏につくるときは、粉ゼラチンだととけやすいので、粉寒天（4g）でつくるのがおすすめだよ。

必要な道具

- 耐熱ボウル(2)
  （電子レンジで使用できるボウル）

- 製氷皿（シリコン製）

- ラップ

パティシエのコツ！

製氷皿はシリコン製のほうが、かたまったグミを取り出しやすいよ。
卵のプラスチックの容器をよく洗って使ってもいいよ。

つくり方

1 ゼラチンをとかす

耐熱ボウルに水大さじ4と粉ゼラチンを入れて10分ほどおいてふやかしたら、ラップをかけて電子レンジ（600W）で30秒加熱する。

2 ジュースをあたためる

別の耐熱ボウルに砂糖とジュースを入れ、ラップはかけずに電子レンジ（600W）で30秒加熱する。

3 ゼラチンとジュースをまぜる

1と2をゴムべらでまぜあわせる。

4 型に流し、冷やす

製氷皿に3を流し入れ、冷蔵庫で1時間ほど冷やしかためる。かたまったら、型から取り出す。

レベル
かんたん！
★ ★ ★
製作時間 30分

＼卵と牛乳でつくれちゃう！／
なめらかプリン

メープルのコクで極上スイーツに！

パート5 しあわせ ひんやりデザート

材料

(100mlの容器4個分)

- 砂糖　　　　　　　60g
- 水①　　　　　　　50ml
- 粉ゼラチン　　　　5g
- 水②　　　　　　　大さじ1と1/2
- 卵　　　　　　　　1個
- 卵黄　　　　　　　1個分
- 牛乳　　　　　　　150ml
- メープルシロップ　60ml

必要な道具

- ボウル
- 片手鍋
- 木べら
- ゴムべら
- 泡だて器
- 茶こし
- 玉じゃくし

つくり方

1 ゼラチンをふやかす

ボウルに粉ゼラチンと水②を入れてまぜて、ふやかしておく。

2 砂糖液をつくる

鍋に砂糖と水①を入れて中火にかけ、木べらでまぜて砂糖をよくとかす。

3 ゼラチンを加える

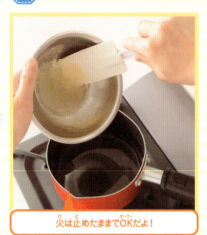

火は止めたままでOKだよ！

沸とうしたら火を止めて、ふやかしておいたゼラチンを加え、ゴムべらでよくまぜてとかす。

4 卵液をつくる

ボウルに卵と卵黄を入れて、泡だて器でまぜる。

5 牛乳を加える

牛乳を加え、泡だて器でさらにまぜる。

6 砂糖液を加えてプリン液をつくる

3の砂糖液を加え、さらによくまぜる。

7 茶こしでこす

6のプリン液を、茶こしでこしてボウルにそそぎ入れる。

パティシエのコツ!
茶こしでこしておくとなめらかなプリンになるよ。

8 プリン液を冷ます

7のボウルの底を氷水にあててゴムべらでまぜながら、とろみがつくまで冷ます。

9 グラスに入れて、冷やす

玉じゃくしなどでグラスに流し入れ、冷蔵庫で約30分冷やしかためる。

10 メープルシロップをかける

かたまったらメープルシロップをかける。

プチ♡アレンジ

好みにあわせてつくるいろいろなプリン！

プリンの食感や香りを、好みにあわせて調節する方法を紹介するよ。

● **とろとろプリン**
材料のゼラチンの分量をやや少なめ（3gくらい）にしてつくると、とろとろのプリンになるよ。

● **バニラプリン**
つくり方7のあと、バニラエッセンスを2～3滴たらしてまぜあわせると、バニラの香り豊かなプリンになるよ。

レベル
ふつう！
★★☆
製作時間 30分

濃厚なおいしさ

いちごソースとまぜながら食べてね

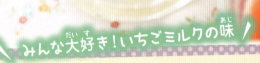
みんな大好き！いちごミルクの味

パンナコッタ

パート5 しあわせ ひんやりデザート

材料

（100mlのグラス約4個分）

- 牛乳　　　　　　　130ml
- 生クリーム　　　　150ml
- 砂糖　　　　　　　30g
- 粉ゼラチン　　　　5g
- 水　　　　　大さじ1と1/2

いちごソース
- いちごジャム　　　大さじ3
- レモンのしぼり汁　小さじ2

必要な道具

- ボウル（2）
- 片手鍋
- ゴムべら
- 茶こし
- 玉じゃくし
- スプーン

つくり方

1 ゼラチンをふやかす

ボウルに粉ゼラチンと水を入れてまぜて、ふやかしておく。

粉ゼラチンが水をすって、かたいゼリーのようになるよ

231

2 牛乳、砂糖、生クリームを加える

鍋に砂糖、牛乳、生クリームを入れて中火にかけ、沸とうする前に火を止めて、1のゼラチンを加える。

パティシエのコツ！

沸とうさせてしまうと牛乳がまくをはるので、その前に火を止めてね。ゼラチンがとけやすいようにあたためればOKよ。

3 ゼラチンをとかす

鍋を火からおろし、ゴムべらでまぜながらゼラチンをとかす。

4 茶こしでこす

ゼラチンが完全にとけたら、茶こしでこしてボウルにそそぎ入れる。

パート5 ★ しあわせ ひんやりデザート

5 パンナコッタ液を冷ます

冷めてくると、だんだんとろみがついてくるよ

4 のボウルの底を氷水にあてて、ゆっくりゴムべらでまぜながら、とろみがつくまで冷ます。

7 いちごソースをつくる

いちごジャムにレモンのしぼり汁を加えてスプーンでまぜ、6 のパンナコッタにかける。

6 グラスに入れて冷やす

玉じゃくしなどでグラスに流し入れ、冷蔵庫に1時間ほど入れて冷やしかためる。

プチ♡アレンジ

ソースをかえるだけでいろんな味が楽しめる！

● ブルーベリーソース
いちごジャムのかわりに、ブルーベリージャムにレモン汁を加えれば、ブルーベリーソースのできあがり！

● キウイフルーツソース
キウイフルーツを小さめの角切りにしてボウルに入れ、レモン汁少々を加えてまぜあわせる。味をみて、好みで砂糖を加えてソースにしてもいいよ。

＼ひと口サイズのひんやりデザート／

ヨーグルト プチアイス

レベル
かんたん！
★☆☆
製作時間 20分

ヨーグルトの風味がさわやか
食後のデザートにもおすすめ！

パート5 ✿ しあわせ 💎 ひんやりデザート

材料

（製氷皿1枚分 約16個）
- [ ] プレーンヨーグルト（無糖） 150g
- [ ] 生クリーム 大さじ3
- [ ] はちみつ 大さじ2

必要な道具

- [ ] ボウル
- [ ] スプーン
- [ ] 泡だて器
- [ ] 製氷皿

つくり方

1 ヨーグルトに生クリームをまぜる

ボウルにヨーグルトを入れ、生クリームを加えてまぜる。

2 はちみつを加える

1のボウルにはちみつを加え、泡だて器でよくまぜる。

3 製氷皿に入れて冷やす

製氷皿に、2のヨーグルトをスプーンで入れ、冷凍庫に2～3時間入れて冷やしかためる。

★ パティシエノート ★
生クリームを加えて食感をかえる

ヨーグルトをそのまま冷凍庫で冷やしかためると、カチカチになってしまうけれど、生クリームを少し加えると、シャリシャリとした食感になるよ。また、ヨーグルトのすっぱさをおさえて、まろやかにする効果もあるよ。

235

ジュースでつくれるオシャレなデザート

オレンジシャーベット

レベル
かんたん！
★☆☆

製作時間 20分

▶つくり方 238ページ

口に入れた瞬間に
シュワ〜ととけてなくなるよ！

パート5 ✿しあわせ💎ひんやりデザート

レベル
ふつう！
★★☆
製作時間 30分

パーティーにおすすめ！

白玉入りフルーツポンチ

▶つくり方 240ページ

シュワシュワサイダーに
カラフルなフルーツがきれい！

オレンジシャーベット

材料

- 果汁100％のオレンジジュース 300ml
- はちみつ 大さじ3

必要な道具

- 泡だて器
- ボウル

パティシエのコツ！
果汁100％のほうが甘みの調節がしやすいからおすすめだけどどんなジュースでもだいじょうぶだよ。

ジュースは100％じゃなきゃダメなの？

つくり方

1 ジュースにはちみつを加える

ボウルにオレンジジュースを入れ、はちみつを加える。

2 冷凍庫で冷やしかためる

泡だて器ではちみつをまぜあわせ、ボウルごと冷凍庫に入れて1～2時間冷やす。

パティシエのコツ！
オレンジジュースによっては甘いものもあるのではちみつの量は味をみて調節してね。

3 かたまってきたら、かきまぜる

冷凍庫でかたまってきたら、取り出して泡だて器でよくまぜる。再びボウルごと冷凍庫に入れて1～2時間冷やす。

5 もう一度、かきまぜる

さらにもう一度、冷凍庫でかたまってきたら、取り出して泡だて器でよくまぜ、ふたのできる容器にうつして、冷凍庫で1～2時間冷やす。

4 再び、かきまぜる

再び冷凍庫でかたまってきたら、取り出して泡だて器でよくまぜる。もう一度ボウルごと冷凍庫に入れて1～2時間冷やす。

パティシエノート

氷の結晶を小さくすれば口どけがよくなる！

シャーベットの口どけをよくするためには、氷の結晶を小さくするのがポイント。「冷凍庫でこおらせては、かきまぜる」をくり返すのはそのため。かきまぜるときは、完全にこおってからではなく、フチがこおったくらいでまぜるほうが、結晶が小さくなるよ。

白玉入りフルーツポンチ

材料

(4〜5人分)

- [ ] 白玉粉　　　　　　　　50g
- [ ] 水　　　　　　　　50〜70ml
- [ ] キウイフルーツ　　　　1/2個
- [ ] 黄桃（缶詰・半割）　　　1個
- [ ] さくらんぼ（缶詰）　　　1缶
- [ ] サイダー　　　　350〜400ml

必要な道具

- [ ] ボウル
- [ ] 片手鍋
- [ ] 網じゃくし
- [ ] まな板
- [ ] 包丁

つくり方

1 白玉粉に水を加える

水は全部入れずに、少し残しておこう。あとでかたさを調節するときに使うよ

ボウルに白玉粉を入れ、水を少し残して加え、手でまぜる。

2 白玉粉をこねる

手でまぜながら、残しておいた水を少しずつ加えて、ねんどくらいのかたさにこねる。

水を入れすぎて、べちゃべちゃになっちゃった〜。

パティシエのコツ！

あわてなくても、だいじょうぶ。白玉粉をたして、かたさを調節しようね。

パート5 ★ しあわせ ひんやりデザート

3 白玉だんごをゆでる

鍋に湯を沸かし、2の白玉粉をひと口サイズに丸め、まん中を少しくぼませて湯に入れる。

4 氷水に入れて冷やす

白玉だんごが浮いてきたら、そのまま1分ほどゆで、網じゃくしですくって氷水に入れて冷やす。冷えたら網じゃくしですくって水けをきる。

浮いてきてから1分くらいゆでるんだわ。

5 フルーツを切る

キウイフルーツは皮をむき、ひと口サイズに切る。黄桃も同じ大きさに切る。

6 器に盛りつける

器にフルーツ、水けをきったさくらんぼ、白玉だんごを入れ、サイダーをそそぐ。

プチ ♡ アレンジ

和風スイーツが食べたいときに！

● 白玉あずき
白玉に、ゆであずきをのせる。

● 白玉きなこ
きな粉と砂糖をまぜて好みの甘さにして、白玉にかける。

おうちカフェ最高★ シェイク3種

レベル かんたん！ ★☆☆
製作時間 各5分

ミキサーがあれば オシャレなドリンクもかんたん！

パート5 ★ しあわせ ひんやりデザート

\抹茶味のアイスを使えば/
\とってもかんたん！/

抹茶シェイク

つくり方

1 材料をミキサーに入れる

ミキサーに抹茶味のアイスクリームを入れ、牛乳を加える。

2 ミキサーにかける

ミキサーのふたをしっかり閉じ、スイッチを入れて30秒ほどかきまぜる。

材料（1人分）

☐ 抹茶味のアイスクリーム	150g
☐ 牛乳	150ml

必要な道具

☐ ミキサー

プチ♡アレンジ

いろんな味のアイスでつくれて楽しい★

いちごやチョコレート味のアイスクリームでも、同じようにつくれるよ。牛乳のかわりに豆乳、ヨーグルトなどを入れてもいいね。

243

ブルーベリーシェイク

冷凍フルーツを使ってビタミンたっぷり！

つくり方

1 材料をミキサーに入れる

ミキサーに冷凍ブルーベリーを入れ、豆乳を加える。

2 ミキサーにかける

ミキサーのふたをしっかり閉じ、スイッチを入れて30秒ほどかきまぜる。

材料（1人分）

- 冷凍ブルーベリー　150g
- 豆乳　150ml

必要な道具

- ミキサー

プチ♡アレンジ

フルーツを冷凍していつでもシェイクに

いちごやキウイフルーツなど、水分の多いフルーツを冷凍しておくと、シェイクがつくれるよ。食べきれないフルーツがあったら冷凍しておくといいよ。

パート5 ✦ しあわせ ◆ ひんやりデザート

さっぱりとした さわやかな味！
ヨーグルト シェイク

つくり方

1 材料をミキサーに入れる

ミキサーにバニラアイスクリームを入れ、ヨーグルトを加える。

2 ミキサーにかける

ミキサーのふたをしっかり閉じ、スイッチを入れて30秒ほどかきまぜる。

材料（1人分）

☐ プレーンヨーグルト（無糖）	150g
☐ バニラアイスクリーム	150g

必要な道具

☐ ミキサー

パティシエのコツ！

アイスクリームやフルーツは冷凍庫でよーく冷やしておくとシャリシャリとした口あたりに仕上がるよ。

ホットドリンクアレンジ

寒(さむ)い季節(きせつ)はもちろん、夏(なつ)の冷房(れいぼう)のきいた部屋(へや)でも、ホットドリンクがおいしいよ。

パート5 ★ しあわせ 💎 ひんやりデザート

バナナのつぶつぶ感がたまらない！
ホットバナナチョコレート

つくり方

1. チョコレートは包丁で細かくきざむ。
2. 耐熱のマグカップに牛乳ときざんだチョコレートを入れ、ラップをかけずに電子レンジ（600W）で1分加熱する。レンジから取り出し、スプーンなどでまぜてチョコレートをとかす。
3. ボウルにバナナを入れ、フォークの背でつぶし、2のホットミルクチョコレートに、つぶしたバナナを加えてまぜる。

パティシエのコツ！

チョコレートは完全にとけないけれど、そのままでだいじょうぶ。バナナが底にしずむので、スプーンでかきまぜながら飲んでね。

材料（1人分）

☐ チョコレート	20g
☐ 牛乳	150ml
☐ バナナ	1/4本（20g）

キャラメルをとかすだけ！
キャラメルソイラテ

つくり方

1 耐熱のマグカップに熱湯を入れ、キャラメル、インスタントコーヒーを加えてスプーンでよくまぜあわせる。

2 耐熱の計量カップに豆乳を入れ、ラップをかけずに電子レンジ（600W）で40秒ほど加熱する。

3 2をレンジから取り出し、1に加えてまぜあわせる。

材料（1人分）

□ キャラメル	1個
□ インスタントコーヒー	小さじ1〜2
□ 豆乳	70ml
□ 熱湯	80ml

パティシエのコツ！

キャラメルがかたければ熱湯につけてしばらくおくととけやすくなるよ。
湯の温度が下がってしまったら、レンジで少しあたためるといいよ。

パート5 ★ しあわせ ♦ ひんやりデザート

うす切りのしょうがなら辛くないよ
アップルジンジャーティー

つくり方

1. りんごは水でよく洗い、皮をむく。
2. しょうがを包丁でうす切りにし、2枚ほど用意する。
3. ティーポットにりんごの皮、しょうが、紅茶のティーバッグを入れ、熱湯をそそぎ入れる。3～4分おいてから、カップにそそぎ入れる。好みで砂糖を加える。

パティシエのコツ！

しょうがはすりおろすと辛くなるので、うす切りを入れるのがポイント。りんごも皮だけ入れるのでも香りが広がるのよ。

材料（2人分）

- りんごの皮（よく洗ってからむいたもの） 1/2個分
- しょうが（うす切り） 2枚
- 紅茶（ティーバッグ） 1袋
- 熱湯 200ml
- 砂糖（好みで）

マスターしよう！ お菓子づくりの きほんテクニック

テクニック1 ふるう

粉類は、かたまりがないようにふるっておくと、きれいにまざるよ。

💗 粉ふるいでふるう

粉の分量が多いときや、粉を手早くまぜたいときは、作業する台（テーブルなど）にオーブンシートなどをしいて、粉をふるっておくよ。

粉の量がそれほど多くなければ、ボウルの上でふるってもいいよ。粉ふるいは動かさずに、ふちをトントンとたたくと粉がとびちらないよ。

💗 ふるい器でふるう

レバーを動かすだけで粉がふるえる道具もあるよ。ボウルにめがけてふるえるので、粉がとびちりにくいよ。

💗 茶こしでふるう

粉が少量なら茶こしが便利。茶こしのふちを軽くたたくと粉がとびちりにくいよ。仕上げに粉糖をふるときにも使うよ。

とかす

材料によっては、まざりやすいようにとかしておくものもあるよ。

♥ 湯せん

チョコレートやバターをボウルに入れ、ボウルの底を湯にあててとかす方法のこと。高温でとかすと味がおちてしまうようなデリケートな材料をとかすときにするよ。

♥ 室温にする

バターなどを冷蔵庫から出し、やわらかくなるまでおいておくこと。バターは完全にとかして使う場合と、手でつぶせるぐらいで使う場合があるので、レシピで確認してね。

火加減

レシピの中に出てくる「弱火」「中火」「強火」のめやすをおぼえておこうね。

♥ 弱火

炎の先が鍋にあたるかあたらないかぐらいの火加減。こげやすいものを加熱するときは、この火加減だよ。

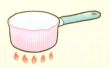

♥ 中火

炎の先がちょうど鍋の底にあたるぐらいの火加減。お菓子も料理も、この火加減がきほんになるよ。

♥ 強火

炎がいきおいよく鍋全体にあたるぐらいの火加減。小さい鍋のときは、外側に炎がはみ出さないように注意してね。

 まぜる

材料と材料をまぜるときにも、いろいろなまぜ方があるよ。

♥ すりまぜる

砂糖とバターをまぜるようなときに、泡だて器でするようにしてまぜる方法。ボールに泡だて器をこすりつけるイメージだよ。

♥ さっくりまぜる

ぐるぐるとまぜるのではなく、ボウルの下から上にすくい上げるようにしてまぜるよ。道具は泡だて器ではなく、ゴムべらを使うとやりやすいよ。

♥ 2～3回に分けて加えまぜる

まざりにくいものどうしをまぜるときは、材料を一度に加えず、2～3回に分けて加え、まぜあわせるよ。かたまりができたり、分離するのを防ぐためだよ。

パティシエのコツ！

バターなどの油分と卵液はまざりにくいので、少しずつ加えながらまぜるのがコツだよ！

泡だてる

生クリームや卵白などを泡だてるとき、どれくらい泡だてるかがポイントになるよ。

♥ 六分立て (とろりとするくらい)

生クリームなどを泡だてるときのめやすを表す言葉で、泡だて器を持ち上げたときに、とろりとするくらい。ケーキの表面にぬったりするときは、これくらいゆるめに泡だてるよ。

♥ 八分立て (ツノがたつくらい)

生クリームなどを泡だてるときのめやすを表す言葉で、泡だて器を持ち上げたときにツノがたつくらい。ロールケーキの内側に入れるクリームや、デコレーションするときには、このくらいしっかり泡だてるよ。

♥ メレンゲ

卵白をツノがたつくらいに、しっかり泡だてたもののこと。

パティシエのコツ！

メレンゲをつくるときは少したいへんなので電動泡だて器があると便利だよ。

テクニック 6 冷ます

つくっているとちゅうで、冷ますことも。大切なのではぶかないでね。

💗 氷水にあてる

ボウルの底を氷水にあて、冷やしながらまぜるよ。ゼリー液を冷ましたり、生クリームを泡だちやすくするときにこうするよ。

💗 あら熱をとる

焼き上がったクッキーやケーキをケーキクーラー（または網）にのせて冷ますこと。クリームをぬる前や粉糖をまぶす前におこなうよ。

テクニック 7 生地を休ませる

クッキー生地などをラップでつつみ、冷蔵庫に入れておくことを「生地を休ませる」「生地をねかせる」などというよ。このひと手間で、生地の材料どうしがよくなじみ、おいしくなるよ。生地はにおいがつきやすいので、ラップでしっかりつつむのがポイントよ。

テクニック 8 こす

プリン液やゼリー液など、液体を茶こしを通してボウルにそそぎ入れることを「こす」というよ。液体状の生地を、なめらかにするときにするよ。

テクニック 9 オーブンの使い方

オーブンは使う前に、あらかじめ設定温度にあたためておくことが必要だよ。そのとき天板は入れないでね。天板が熱くなると、作業ができなくなるので気をつけてね。

この本では、オーブンをあたためるタイミングを入れてあるので、それを参考にあたためはじめてね。

テクニック 10 しぼり出す

生クリームや生地をしぼり出すときには、しぼり出し袋を使って作業するよ。

❤ しぼり出し袋の使い方

しぼり出し袋は、口金をつけて使う場合と、なにもつけずに使う場合があるけれど、ここでは口金をつけて使う方法を紹介するよ。

1 口金をセットする
しぼり出し袋の内側に口金を入れ、先のほうまで押してきっちりはめこむ。

 ピッチリ☆

2 クリームをつめる
しぼり出し袋を背の高いコップなどに立てかけて、クリーム（または生地）をつめる。

3 クリームを先のほうによせる
しぼり出し袋の外側からこするようにして、クリームを先のほうによせる。

4 しぼり出す
片手で袋の上をもち、もう片手で手首をささえて安定させ、クリームをしぼり出してね。

5 使いおわったら
中のクリームを全部取り出し袋を裏返して洗おう。風通しのよいところに、裏にしたままでほそうね。

デコレーションにあわせて口金をかえる

しぼり出すだけなら丸いだけの丸型を、ショートケーキのようなギザギザした形にしぼり出すときは星型のものを選ぶよ。直径1cmぐらいのものがいいよ。

著 者 齋藤真紀（さいとう まき）

お菓子・料理研究家。洋菓子店での修行後、お菓子研究家のアシスタントを6年務め、2004年に独立。家庭でも手に入りやすい食材でつくる、かんたんで安全なお菓子や料理のレシピに定評がある。現在は、書籍・雑誌・企業の商品開発など、幅広い分野で活躍中。

著 者 大瀬由生子（おおせ ゆうこ）

料理研究家・テーブルコーディネーター・フードコーディネーター。大学や企業・カルチャーセンターなどで講師を勤め、レストランの商品開発、イベントなどでも活躍中。また、親子クッキング、小学校の講演など、食育にも積極的に取り組んでいる。
（料理制作協力／園本愛美、半場裕美、窪谷美幸、園本琴子）

撮影	臼田洋一郎、ナカムラユウコ
スタイリング	渥美友理 ※新レシピ分
まんが・キャラクター	梶山ミカ
まんが制作協力	李 晶玉/Ri Jong Ok　くりやま
イラスト・レシピカード	まめゆか
デザイン	柿澤真理子
DTP	有限会社ユイビーデザインスタジオ
写真提供	GettyImages
編集協力	石田純子

※本書は、『ミラクルおいしい！はじめてのお菓子レシピ』（2010年12月発行）と『ミラクルかんたん！チョコ＆クッキーラブリーレシピ』（2013年1月発行）に新しいレシピを加えて再編集し、書名・価格等を変更したものです。

ミラクルハッピー
はじめてのお菓子レシピDX

著　者	齋藤真紀・大瀬由生子
発行者	若松和紀
発行所	株式会社 西東社 〒113-0034　東京都文京区湯島2-3-13 https://www.seitosha.co.jp/ 電話　03-5800-3120（代）

※本書に記載のない内容のご質問や著者等の連絡先につきましては、お答えできかねます。

落丁・乱丁本は、小社「営業」宛にご送付ください。送料小社負担にてお取り替えいたします。本書の内容の一部あるいは全部を無断で複製（コピー・データファイル化すること）、転載（ウェブサイト・ブログ等の電子メディアも含む）することは、法律で認められた場合を除き、著作者及び出版社の権利を侵害することになります。代行業者等の第三者に依頼して本書を電子データ化することも認められておりません。

ISBN 978-4-7916-2378-5